LA PRISE DE JÉRUSALEM PAR LES PERSES EN 614

CORPUS
SCRIPTORUM CHRISTIANORUM ORIENTALIUM
EDITUM CONSILIO
UNIVERSITATIS CATHOLICAE AMERICAE
ET UNIVERSITATIS CATHOLICAE LOVANIENSIS

Vol. 202

SCRIPTORES IBERICI
TOMUS 11

LA PRISE DE JÉRUSALEM PAR LES PERSES EN 614

ÉDITÉ

PAR

GÉRARD GARITTE

LOUVAIN
SECRÉTARIAT DU CORPUSSCO
49, CH. DE WAVRE
1960

INTRODUCTION

Le texte géorgien du « Discours » du moine Stratégius de Saint-Sabas sur la prise de Jérusalem par les Perses en 614 [1] a été publié par N. Marr en 1909, dans la collection *Textes et études de philologie arméno-géorgienne* [2].

Cette édition est fondée sur deux manuscrits :

1) le manuscrit géorgien 33 (Blake) ou 26 (Marr) de Jérusalem (J), codex en papier, de 420 feuillets, du XIIIe-XIVe siècle [3]; le « Discours » de Stratégius se lit du fol. 120 r au fol. 164 v;

2) le manuscrit A 70 de Tiflis (T), codex en papier du XIIIe siècle [4], où la *Prise de Jérusalem* se lit du fol. 216 v au fol. 259 r; deux feuillets manquent à cette partie du manuscrit : un entre le fol. 222 et le fol. 223, et un entre le fol. 253 et le fol. 254; les portions de texte perdues correspondent respectivement aux § V, 11-22 et XXII, 14-23 de la présente édition.

Trois ans après la publication de l'édition de Marr, le P. Peeters découvrit un troisième exemplaire du « Discours » de Stratégius dans un manuscrit qui venait alors d'être acquis par la Bibliothèque Bodléienne à Oxford et qui y porte la cote *Georg.* b. 1 (nous le désignons par le sigle O) ; c'est un magnifique codex en parchemin,

[1] Voir K. Kekelidze, *Ucʿḫo avtorebi jvel kʿartʿul literaturaši*, p. 15, nº 17, dans *Etiudebi jveli kʿartʿuli literaturis istoriidan*, V, Tiflis, 1957, p. 3-114.

[2] *Antioh Stratig. Pljenenie Ierusalima Persami v 614 g. Gruzinskij tekst izljedoval, izdal, perevel i arabskoe izvlečenie priložil* N. Marr (*Teksty i razyskanija po armjano-gruzinskoj filologii*, IX), Saint-Pétersbourg, 1909, XI-82-3Ձ-66-١٠ p. (cité : Marr, *Antioh*).

[3] Voir R. P. Blake, *Catalogue des manuscrits géorgiens de la Bibliothèque Patriarcale grecque à Jérusalem*, dans *Revue de l'Orient Chrétien*, 23 (1922-1923), p. 345-413; 24 (1924), p. 190-210, 387-429; 25 (1925-1926), p. 132-155 (sur le cod. 33 : t. 23, p. 412-413); Marr, *Antioh*, p. 10 et 62-64; N. Mari (= N. Marr), *Ierusalimis kʿartʿul ḫelnacertʿa mokle aǵceriloba*, Tiflis, 1955, p. 63-65; K. Kekelidze, *Monumenta Hagiographica Georgica.* Pars prima : *Keimena*, I, Tiflis, 1918, p. XLVII. — Marr désigne ce ms. par le sigle I.

[4] Voir F. D. Žordanija, *Opisanie rukopisej Tiflisskago Cerkovnago Muzeja*, I, Tiflis, 1902, p. 68-71; Marr, *Antioh*, p. 11 et 65-66. — Marr désigne ce ms. par le sigle Ә.

copié vers l'an 1040 au monastère de Sainte-Croix à Jérusalem [5]; le texte du « Discours » y figure aux fol. 124 r - 169 r.

La copie d'Oxford l'emporte de loin, par sa qualité comme par son âge, sur les deux manuscrits utilisés par Marr; l'existence de ce troisième témoin inconnu du premier éditeur rendait nécessaire l'établissement d'une nouvelle édition [6].

Le texte que nous présentons ici reproduit en principe le manuscrit d'Oxford (O), les variantes des manuscrits de Jérusalem (J) et de Tiflis (T) étant notées dans l'apparat critique. Les manuscrits O et J ont été étudiés sur photographies; celui de Tiflis ne nous est connu que par l'édition de Marr [7].

Marr a suivi généralement dans l'établissement de son texte le manuscrit de Jérusalem, qu'il avait découvert en premier lieu [8]. Ce manuscrit présente de fréquentes leçons aberrantes par rapport aux deux autres, O et T, qui sont unis par une parenté assez étroite, et qui s'opposent très souvent ensemble au manuscrit J.

La tradition du texte dans les trois témoins est d'ailleurs assez ferme, et ne trahit pas de remaniements arbitraires profonds. Les variantes, sauf quelques omissions par « saut du même au même », sont en général purement formelles : changements dans l'ordre des

[5] Voir P. Peeters, *De codice hiberico Bibliothecae Bodleianae Oxoniensis*, dans *Analecta Bollandiana*, 31 (1912), p. 301-318 (pour notre texte, p. 304-305 et 308-309, nº 12); idem, *Recherches d'histoire et de philologie orientales*, I (*Subsidia Hagiographica*, 27), Bruxelles, 1951, p. 84; D. M. Lang, dans *Oxford Slavonic Papers*, 6 (1955), p. 138-139; G. Garitte, *Le calendrier palestino-géorgien du Sinaiticus 34 (Xe siècle)* (*Subsidia Hagiographica*, 30), Bruxelles, 1958, p. 40.

[6] Cfr P. Peeters, dans *Recherches d'histoire et de philologie orientales*, I, p. 86 : « Le manuscrit d'Oxford est une copie très rapprochée de l'original, la plus ancienne et manifestement la meilleure qui nous soit restée. Il faudrait reconstituer le texte en la prenant pour base ».

[7] La comparaison de cette édition et de son apparat critique avec les photographies du manuscrit J montre que la collation de Marr est très fidèle; on n'y relève guère que quelques rares omissions ou inexactitudes; parfois les sigles des deux mss ont été confondus; ces quelques imperfections mises à part, on peut dire, à en juger par le ms. J, que l'apparat critique de Marr est sûr. Toutefois, on voudra bien se souvenir, en lisant le nôtre, que notre collation de T est de seconde main.

[8] Marr, *Antioh*, p. 10-11.

mots, addition ou omission de mots accessoires, divergences orthographiques.

Nous avons jugé inutile d'alourdir l'apparat critique par un relevé complet des *orthographica*; ainsi, nous n'avons pas tenu compte, sauf cas spéciaux, des alternances ჱ/ე, ჱ/ეჲ, -აჲ/-ა, ჳ/ვ (J écrit ordinairement იყჳნეს etc. pour იყვნეს etc.), ჴ/ხ ; le nom de Jérusalem est écrit le plus souvent იჱ(რჳსა)ლ(ე)მ dans O et J, parfois იჱ(რჳსა)ლიმ dans J ; nous avons écrit partout იერჳსალჱმ ; J orthographie généralement ქ(რისტ)იანე pour ქ(რისტ)ეანე [9].

Pour faciliter les références et la comparaison avec d'autres recensions, nous avons divisé le texte et la traduction en chapitres (numérotés en chiffres romains) et en paragraphes (numérotés en chiffres arabes).

Nous comptons publier, dans d'autres volumes de ce *Corpus,* les différentes recensions arabes de la *Prise de Jérusalem.* Ensuite, dans un volume des *Subsidia,* nous étudierons les questions d'ordre littéraire et d'ordre historique que posent les textes géorgien et arabes.

SIGLES

J = cod. géorgien 33 de la Bibliothèque du Patriarcat grec de Jérusalem, XIIIe-XIVe siècle, fol. 120 r - 164 v (d'après des photographies).

O = cod. *Georg.* b. 1 de la Bibliothèque Bodléienne à Oxford, XIe siècle, fol. 124 r - 169 r (d'après des photographies).

T = cod. A 70 du Musée de Tiflis, XIIIe siècle, fol. 216 v - 259 r (d'après l'édition de MARR, *Antioh*).

Marr = N. MARR, *Antioh Stratig. Pljenenie Ierusalima Persami v 614 g.* (*Teksty i razyskanija po armjano-gruzinskoj filologii,* IX), St-Pétersbourg, 1909, texte géorgien, p. ა-ჲვ.

[9] On trouvera dans MARR, *Antioh,* p. 67-73 un relevé systématique des particularités orthographiques des mss J et T.

მაისსა კ წარტყუენვაჲ იერუსალჱმისაჲ :

თქუმული ნეტარისა სტრატიკი მონაზონისაჲ, რომელი მკჳდრ იყო ლავრასა წმიდისა[1] მამისა ჩუენისა საბაჲსსა. ესე თქუა იერუსალჱმისა მოოჴრებისა თჳს და წარტყუენვისა თჳს ქრისტეს ჯუარისა, რომელ იგი არს ძელი ცხორებისა ჩუენისაჲ, და წმიდათა ეკლესიათა დაწუვისა და დარღუევისა თჳს და ტყუეობისა თჳს ზაქარია პატრიაქისა და მოსრვისა თჳს მღდელთა და დიაკონთა და მონაზონთა, და[2] ქრისტეს მორწმუნისა ერისა თჳს და ყოვლისა მის თჳს რაჲ იგი მოიწია იერუსალჱმს ზედა და მკჳდრთა მისთა ბაბილოვნელთა მიერ სპარსთა და ქალდეველთა ბრძანებითა ხუასრო მეფისა მათისაჲთა.

I. 1. ჵ ქრისტეს მოყუარენო ძმანო[1], მომიპყრენით სასმენელნი თქუენნი, რამეთუ მეგულების მე საქმჱ საშინელი[2] უწყებად თქუენდა, და მნებავს მე რათა ვემსგავსო მათე მახარებელსა და ქადაგსა და[3] მაუწყებელსა სიტყუათა ქრისტეს ღმრთისა ჩუენისათა, რომელმან ყოველსა სოფელსა აღუწერა სახარებაჲ რომელსა შინა არს ყოველი სიხარული და ყოველი მხიარულებაჲ და სიტყუათა ღმრთისათა უწყებაჲ; ამან სანატრელმან მახარებელმან ღაღადყო შუენიერითა ჴმითა და თქუა : «წიგნი[4] შობისა იესუ ქრისტესი, ძისა დავითისი, ძისა აბრაჰამისი». **2**. ხოლო მე, ძმანო ჩემნო, ვიტყჳ სიტუათა და აღვსწერ საქმეთა სახედ მისა[5], არამედ არა თუ[6] თხრობასა და სიტყუასა მისსა ემსგავსებიან ჩემნი ესე, რამეთუ არა სიხარულსა და მხიარულებასა გაუწყებ თქუენ და არცა განცხრომად და შუებად მოგიწოდ თქუენ, არამედ მწუხარებად და გლოვად. **3**. შეიწყალეთ, ძმანო ჩემნო, შეიწყალეთ სული ჩემი დღეს

Tit [1] om. JT — [2] om. JT

I. [1] om. JT — [2] J add. მითხრობად და — [3] om. JT — [4] evanidum in J ; *Matth.*, I, 1 — [5] მისსა JT — [6] om. J

შემუსრვილი და დაკსნილი სიმრავლითა ცრემლთაჲთა, და შენდობა მეცით, რამეთუ ზედამიწევნით მეგულების მითხრობაჲ და უწყებაჲ სიტყუათა ჩემთაჲ მსგავსად მათე მახარებელისა, და ვიტყჳ ესრეთ : « წიგნი მოოკრებისაჲ და წარტყუენვაჲ იერუსალჱმისაჲ, ქალაქისა მის წმიდისაჲ, ქალაქისა მის რომელ არს იესუ ქრისტესი, ძისა დავითისი, ძისა აბრაჰამინი ». **4**. ესე წიგნი ჩემ მიერ აღწერილი აუწყებს წარტყუენვასა ძელისა ცხორებისასა[7] და მოოკრებასა ქრისტეს ეკლესიათასა და დაწუვასა და დამკობასა იერუსალჱმისასა ; ესე წიგნი აუწყებს დაკლვასა და მოსრვასა სამწყსოთა მათ იესუ ქრისტეს, ძისა დავითისთა, ძისა აბრაჰამისთა ; და რასაღამე განვაგრძობ სიტყუათა ჩემთა თქუენდა მომართ, ჵ მსმენელნო ? არამედ აწ ვიწყო და ვთქუა შემოკლებულად : ესე წიგნი სავსე არს ვნებითა და ღუაწლითა და ჭირითა რომელი მოიწია იერუსალჱმსა ზედა, ქალაქსა იესუ ქრისტესსა, ძისა დავითისსა, ძისა აბრაჰამისსა. **5**. და ვითარმე სახელვსდვა[8] წიგნსა ამას ჩემდად ? არამედ უფროჲსღა[9] თქუენ ყოველთაჲ არს, რამეთუ ესე არა ვითარ წიგნისტყავი[10] სიხა-როულსა აუწყებს, არამედ მწუხარებასა ; ამას არა წიგნად უწოდი, არამედ წარტყუენვისა თჳს ტირილად ; ამას[11] არა მიწერილად უწოდი, არამედ მოსრვისა თჳს გლოვად ; ამას არა ებისტოლედ უწოდი, არამედ მოოკრებისა თჳს გოდებად. **6**. ესე მსმენელთა სულსა განაღჳძებს ; და რომელთა გულისხმისყო-ფით ისმინონ ჳმაჲ ესე, განაკჳრვებს გონებასა მათსა ; და ასწავებს შემუსრვილად[12] გლოვასა, ვითარცა მოძღუარი და მასწავლელი გოდებისაჲ იერემია წინაჲსწარმეტყუელისაჲ. **7**. ჵ ძმანო ჩემნო, ვითარ შეიქმნა ქუეყანაჲ ესე აღთქუმისაჲ განბნეულ[13] და ადგილი სიწმიდისაჲ მოოკრებულ[14] ? ვითარ ქრისტეს ეკლესიათა დაეცა დარღუევაჲ, და საკურთხეველთა ღმრთისათა შეემთხჳა მოოკრებაჲ, ვიდრემდის სადგურ მტერთაცა

[7] ცხორებისსა T — [8] სახელს ვსდვა JT — [9] -ღა om. J — [10] წიგნი საკითხავი J — [11] ამას corr. ex ამის J — [12] შემუსრვილთა JT — [13] განბნეული J — [14] მოოკრებული J

იქმნნეს[15]. ვითარ ნუგეშინისცემაჲ იგი ჩუენი შეიქმნა მწუხარებად? ვითარ გალობაჲ იგი სულიერი შეიცვალა გოდებად? ვითარ იერუსალჱმი ქალაქი იგი საწადელი, რომელი ითარგმანების სახილველ კეთილის, იქმნა ოჴერ და მოსაწყინელ? **8**. არამედ გევედრები, ძმანო ჩემნო საყუარელნო, რათა ლოცვა ჰყოთ ჩემ[16] გლახაკისა და ცოდვილისა თჳს, რათა მომცეს მე სიტყუაჲ დაწყებასა თხრობისა ჩემისასა; რამეთუ უწყი მე უძლურებაჲ გონებისა ჩემისაჲ, და მეშინის ნუ უკუე ვიწყო სიტყუად და ვერ შეუძლო აღსრულებად, და ვიქმნე მე საყუედრელ მრავალთა და თქუან[17]: «ამან კაცმან ვერ გულისხმაყო უძლურებაჲ თჳსი; იწყო შენებად და ვერ უძლო აღსრულებად»; ⌜რათა არა[18] ესრეთ მეყოს მე. **9**. ვთქუათ ჩუენცა ვითარცა მძიმედ მეტყუელთა წინაჲსწარმეტყუელისა დავითის თანა: «უფალო, ბაგენი ჩემნი აღახუენ და პირი ჩემი უთხრობდეს ქებულებასა შენსა»[19], რათა მეცა ვიწყო სიტყუათა ამათ ღმრთისათა მითხრობად მადლითა მისითა განსწავლულმან, რამეთუ უხუად მოსცის[20] მვედრებელთა მისთა ნიჭი[21] და მოსავთა ⌜მისთა მოსაგებელი[22] კეთილი და სრული, და ჩუენცა უგულისხმოთა ამათ მომანიჭოს. **10**. არა თუ ჩუენ ღირს ვართ ნიჭთა მისთა, არამედ ვითარცა მონანი სარწმუნონი უფლისა გან სახიერისა ვითხოვთ ძლიერებასა და სიტყუასა მეცნიერებისასა, რათა დაწყებული ესე აღვასრულოთ, რამეთუ უწყი ვითარმედ არა მცირედი სარგებელი მსმენელთა ამათ[23] მიენიჭების, და არცა კინინი[24] შესაძინელი მორწმუნეთა მოემადლების. **11**. ხოლო მე არა თუ ზრახვასა ფილოსოფოსთასა ვიტყჳ, და[25] არცა სიტყუათა შემკობასა ვიხარკებ ვითარცა მრავლისმეტყუელნი, არამედ საგლოველთა სიტყუათა ვიტყჳ და ცრემლით ტირილსა გაუწყებ და გოდებით ბოროტთა მათ და ჭირთა ღუაწლისათა გითხრობ, რომელი მოიწია ცოდვითა

[15] იქმნს (cum lineola abbreviationis) J — [16] ჩ(უე)ნ J — [17] J add. ესრეთ — [18] რა J — [19] *Ps.* L, 17 — [20] მოსცემს J — [21] ნიჭსა J — [22] მისთა მისთაოსაგებელი, alt. ისთა cancellato, J — [23] ამისთა JT — [24] კნინი JT — [25] om. JT

ჩუენითა იერუსალჱმსა [26] ზედა და მკჳდრთა მისთა ბაბილოვნელთა გან. **12**. და აწ, ძმანო ჩემნო, არა ვტირ ერთისა ხოლო ქალაქისა თჳს და არცა ერთისა ხოლი ტაძრისა თჳს და არცა ადგილისა თჳს შეურაცხისა, ვითარ იგი იყო დღეთა მათ პირველთა; არა ვტირ ქუეყანისა მეფისა თჳს და ერისა მისისა, არამედ ვტირ და ვგოდებ ერისა თჳს [27] მორწმუნისა, ვითარ იგი უგულებელსყო მაღალმან სამწყსოჲ თჳსი, რომელსა ყოველი ქუეყანაჲ ნებსა [28] შინა მისსა უპყრიეს, და დღეს განწირა ერი თჳსი ცოდვათა მათთა თჳს. **13**. არა ვტირ ტაძრისა მის თჳს ჰურიათაჲსა რომელსა ეგლოვდა იერემია წინაჲსწარმეტყუელი და გოდებდა მის თჳს, და არცა კიდობნისა მის თჳს რომელსა შინა იყო კუერთხი იგი და მანანაჲ და წიგნი იგი რომელი დაწერა მოსჱ [29] კელითა თჳსითა შემდგომად ფიცართა მათ რომელნი შემუსრნა გულფიცხელობისა თჳს ძეთა ისრაჱლისათა; არცა [30] ვტირ მე კედელთა მათ თჳს ოქროქანდაკებულთა და ქვათა მათ თჳს გამოთლილთა და ბჭეთა მათ თჳს შუენიერთა და სტოვათა მათ თჳს მაღალთა და სუეტთა მათ თჳს იასპინისათა. **14**. არა [31] ვტირ მე მღდელთა [32] მათ თჳს რომელნი მოსრვიდეს [33] წინაჲსწარმეტყუელთა და ერისა მის თჳს რომელთა ჯუარს აცუეს უფალი და კრებულისა მის თჳს ბოროტისა რომელნი იტყოდეს: «ჯუარს აცუთ, ჯუარს აცუთ იესუ ქრისტე» [34], რომელთა მიაგეს უფალსა [35] ბოროტი კეთილისა წილ, ასუეს მას ძმარი და ნავღელი ნაცვალად მანანაჲსა [36], და [37] კუერთხისა მის წილ მოსესისა რომლითა განაპო ზღუაჲ მეწამული, უგუმირეს მას ლახურითა. **15**. არცა [38] ვტირ და არცა ვგოდებ მათ თჳს, რამეთუ იგინი ღირს იყვნეს რაჲ იგი შეემთხჳა მათ ბოროტი წარტყუენვითა მით, რამეთუ დაუტევეს [39] უფალი და კერპთა მათ [40] იორო-

[26] იერუსალიმსა J — [27] თჳს post მორწმუნისა JT — [28] ნებასა T — [29] მოსე post თჳსითა JT — [30] არა T — [31] არცა J — [32] მღრდელთა J — [33] მოჰსრვიდეს J — [34] cfr *Matth.*, xxvii, 22-23 — [35] om. J — [36] მანანაჲსსა T — [37] om. JT — [38] არა T — [39] T add. მათ — [40] J add. თჳს

ბო̃ამისთა და იაზაბელისთა თაყუანისსცემდეს, ვითარ იგი შჯული აუწყებს. **16**. არამედ ვტირ მე და ვიგლოვ [41] ქალაქისა მის თჳს წმიდისა და დიდებულთა ეკლესიათა თჳს და წმიდათა საკურთხეველთა თჳს და მღდელთა [42] მათ თჳს განწმედილთა და ერისა მის თჳს მორწმუნისა რომელნი უწყალოდ მოისრნეს; და რამეთუ ჰურიათა [43] სახენი ხოლო აქუნდეს, ხოლო ჩუენ ჭეშმარიტებაჲ; მათ აჩრდილი ეპყრა, ხოლო ჩუენ საიდუმლოჲ მზისა მის სიმართლისაჲ, რომელსა ზედა ბოროტი ესე ყოველი მოიწია. **17**. და ნუ გგონიე მე, საყუარელნო, ვითარცა კაცი მრავლისმეტყუელი, რამეთუ ჭირნი მაიძულებენ მე სიტყუად და სალმობაჲ გულისა ჩემისაჲ აღმძრავს მე თხრობად თქუენდა საქმეთა ამათ რომელნი სავსე არიან მწუხარებითა და ტირილითა, რომელსა უფალიცა იტყოდა [44] პირითა იერემია წინაჲსწარმეტყუელისაჲთა კრებულისა მის თჳს: « ხოლო თქუენ, რაჟამს გესმინ კეთილი ზრახვაჲ, მიისწრაფით მუნ, და მწუხარებითი თხრობაჲ აღგძრავნ გოდებად და სინანულად და მოაქციით უფლისა ცრემლითა ლმობიერად » [45]. **18**. და ამის თჳს მეცა გითხრობ თქუენ სიტყუათა გლოვისათა რომელთა [46] შინა მრავალი სარგებელი მსმენელთა თჳს დაუნჯებულ არს, ვითარცა თქუა სიბრძნემან, ვითარმედ: «მივედ შენ სახლად მწუხარებისა [47] და ნუ სახლად სასუმელისა » [48]. **19**. არამედ გჳღირს ჩუენ, და უფროჲს ხოლო რომელნი ცოდვასა შინა განფრდილ ვართ, რათა მოვიპოვოთ [49] ტირილი უფროჲს სიცილისა და გლოვაჲ უფროჲს სიხარულისა, ვითარცა თქუა უფალმან, ვითარმედ: « ნეტარ იყვნენ მგლოვარენი გულითა, რამეთუ იგინი ნუგეშინისცემულ იყვნენ » [50]. **20**. და ჩუენდა ჯერ არს რათა გაუწყოთ რაჲ იგი მოიწია ჩუენ ზედა მწუხარებაჲ, რომელი შეგუემთხჳა იერუსალჱმისა მყოფთა [51], რამეთუ არა დაფარულსა რას [52] გითხრობ თქუენ, არამედ

[41] ვგლოჲ J — [42] მღრდელთა J — [43] J add. ხ(ოლო) cancellatum — [44] ეტყოდა T — [45] ubi ? — [46] რ(ომე)ლსა J — [47] -ბისად JT — [48] *Eccl.*, VII, 4 — [49] მოვიპოოთ JT — [50] *Matth.*, V, 4 — [51] J add. ზედა — [52] om. J

ცხადსა, რომელი ყოველსა ქუეყანასა მიიწია, და კიდეთა სოფლისათა განჴდა კმაჲ ესე წარწყმედისა ჩუენისაჲ; და თქუენცა ერთბამად [53] კუალნი იგი და სასწაულნი თუალითა გიხილვან, რომელი მოიწია ეკლესიათა ზედა და ადგილთა წმიდათა ოჴრებაჲ და ერთა მორწმუნეთა მოსრვაჲ სასწავლელად ცოდვათა ჩუენთა თჳს. **21**. და აწ ვიწყო და მიგითხრა თქუენ რაჲ იგი მოიწია ჩუენ ზედა სპარსთა მიერ ბაბილოვნელთა.

II. **1**. რამეთუ . ზაქარია მამათმთავარი იერუსალჱმისაჲ და პატრიაქი და მწყემსი წმიდისა ქალაქისაჲ მწყსიდა სამწყსოთა თჳსთა ჯეროვნად და განგებულად და სათნოდ უფლისა. **2**. და მათ დღეთა შინა მოიწინეს [1] ⌜კაცნი ვინმე [2] ბოროტნი და დაემკჳდრნეს ⌜იერუსალჱმსა შინა [3]; და რომელნიმე მათ განნი მყოფ იყვნეს წინაჲთვე ქალაქსა ამას შინა წმიდასა შეწევნითა ეშმაკისაჲთა. **3**. ამათ ეწოდა სახელი მსგავსად სამოსლისა მათისა რომელსა იმოსდეს, და ერქუა ერთსა მას კრებულსა მწუანოსან და მეორესა მას ცისფეროვან. **4**. და ესენი სავსე იყვნეს ყოვლითა უკეთურებითა, და არა კმა ეყო მათ გულმაჲ ხოლო და იავარისყოფაჲ მორწმუნეთაჲ, არამედ ⌜სისხლისაცა დათხევასა [4] და კაცისკლვასა შეერთებულ იყვნეს, და იყო მათ შორის ყოველსა ჟამსა ბრძოლაჲ და მოსრვაჲ; და ჰყოფდეს საქმესა ბოროტსა იერუსალჱმისაცა მყოფთა ზედა მარადის. **5**. რამეთუ წინაჲსწარმეტყუელი ეზეკიელ წინაჲსწარმეტყუელებდა საქმესა ამას და რომელი შეემთხჳა იერუსალჱმსა, და თქუა: «ძეო კაცისაო, არქუ იერუსალჱმსა ვითარმედ: ბოროტი იგი ⌜რომელი არს შენ შორის ჰგიესღა და მდგომარე არს [5] აქამომდე. ამას იტყჳს უფალი: გჳრგჳნი მოწყალებისაჲ დაგადგ [6] თავსა შენსა და გყავ შენ მეუფჱ, და განჴდა ჰამბავი ⌜შენ თჳს [7] ყოველთა შორის წარმართთა და იყო სიქადული

[53] om. J

II. [1] მოიწივნეს JT — [2] ვინმე კაცნი J — [3] იჱ(რუსა)ლემს შ(ინ)ა JT — [4] სისხლვასაცა J. — [5] რ(ომე)ლი ჰგიესღა და მდგომარე არს შ(ე)ნ შ(ორი)ს J — [6] დაგადგა J — [7] შენი J

შენი დამაყენებელ მათა[8]; და მოიღე საფასე შენი და შეჰმზადე მის გან კერპი გამოქანდაკებული და შეამკვე იგი თავისა შენისა. და მოიყვანენ ძენი შენნი რომელნი ჰშვენ ჩემ თჳს, და შესწირენ მსხუერპლად[9] კერპთა წარსაწყმედელად მათა[10]; და განამრავლენ[11] სიძვანი შენნი; ამის თჳს მიგცა შენ ღმერთმან კელთა[12] მტერთა შენთასა»[13]. ესე თქუა უფალმან ეზეკიელის მიერ. **6**. ხოლო არა თუ კერპთა თჳს იტყოდა, არამედ კაცთა მათ მწუანოსანთა და ცისფეროვანთა[14] რომელნი მკჳდრ იყვნეს იერუსალჱმს; და ამის თჳს მოაწია ღმერთმან ⌜ჩუენ ზედა ოკრებაჲ[15] და მოგუცნა ჩუენ კელთა[16] მტერთა ჩუენთასა რაჟამს განმრავლდა უკეთურებაჲ მწუანოსანთაჲ და ცისფეროვანთაჲ, და უფროჲს[17] გარდაერია სიბილწე მათი, სიძვაჲ და მრუშებაჲ. **7**. და[18] არა იყო შიში ღმრთისაჲ წინაშე თუალთა მათთა და ზარი და ძრწოლაჲ მისი გულთა მათთა; არამედ ყოველთავე მიაქციეს[19] ერთბამად უკეთურებად და სიცბილად, და განაგდეს მათ ყოველი კეთილი და მოიგეს ყოველი ბოროტი, და[20] სიძულილსა და ტყუვილსა იწურთიდეს მარადის. **8**. მაშინ მსაჯულმან მან სიმართლისამან, რომელსა არაჲ[21] ჰნებავს წარწყმედაჲ ცოდვილისაჲ, არამედ მოქცევაჲ და ცხორებაჲ[22], ვითარცა კუერთხი სწავლისაჲ და წამალი მხილებისაჲ მოავლინა ჩუენ ზედა ნათესავი ბოროტი სპარსთაჲ.

III. **1**. და მოიწინეს[1] იგინი ძალითა დიდითა და ერითა მრავლითა, და დაიპყრეს ყოველი ქუეყანაჲ ასურასტანისაჲ, და გუნდი და სპაჲ ბერძენთაჲ აოტეს, და რომელნიმე მათ განნი შეიპყრნეს. **2**. და მერმე იწყეს სპითა და ერითა მრავლითა შესლვად და დაპყრობად თჳთოეულსა ქალაქსა და

[8] მათდა J — [9] om. J — [10] მათდა J — [11] ვანმრავლდენ J — [12] კელსა J — [13] *Ezech.*, XVI, 1, 12, 14, 16, 20, 26, 27 — [14] -ვ- om. J — [15] ოკრებაჲ ჩუენ ზედა J — [16] კელსა J — [17] უფროჲსად T — [18] om. J — [19] მოაქციეს Marr. — [20] om. J — [21] არა J — [22] cfr *Ezech.*, XXXIII, 11

III. [1] მოიწივნეს J, მოვიდეს T

დაბნებსა, ვიდრემდის [2] მოიწინეს [3] პალესტინად და სანახებსა მისსა, და მოვიდეს კესარიად, რომელ იგი არს დედაჲ ქალაქთაჲ ; ხოლო [4] მათ ითხოვეს მშჳდობაჲ და დაუმდაბლნეს ქედნი მათნი მორჩილებად. **3**. და მერმე მივიდეს სარაფეონდ [5], და დაიპყრეს იგი და ყოველი ქალაქები [6] ზღჳსკიდისაჲ სოფლებით ურთ [7] მათით. **4**. რამეთუ ღმრთისა მიერ იყო აღძრვაჲ მათი და მიშუებითა მისითა ეშმაკმან მოუწოდა ნათესავსა მას ბოროტსა ; და ვითარცა ცეცხლნი ეგრე ეტყინებოდეს, და მიმოვიდოდეს ქალაქებსა და დაიპყრობდეს [8] მტერნი იგი. **5**. და ამისა [9] შემდგომად მოიწინეს [10] ჰურიასტანად, ქალაქსა მას დიდსა და სახელოვანსა [11], ქალაქსა ქრისტეანეთასა რომელ არს იერუსალჱმი, ქალაქსა ძისა ღმრთისასა ; და მოვიდეს რისხვითა და გულისწყრომითა დიდითა ; და მისცა იგი უფალმან ჴელთა მათთა ; და აღასრულეს ყოველივე ნებისა ებრ მათისა. **6**. და ვინმე შემძლებელ არს მითხრობად რაჲ იგი იქმნა შორის იერუსალჱმსა და გზათა მისთა ? ვინმე აღრაცხოს რიცხჳ [12] იგი მოკლულთაჲ რომელი იდვა შორის იერუსალჱმსა, რომელნი მოისრნეს ბოროტთა მათ გან აღძრვითა ეშმაკისაჲთა ? **7**. რამეთუ თესლი მისი დათესულ იყო მათ შორის, რომელი იგი მარადის ეშურების კსნასა [13] ჩუენსა ; და ვითარცა [14] პირველ რაჟამს იხილა მან უფალი იესუ ქრისტე ამაღლებული ჯუარსა ზედა, და მორწმუნეთა სიმრავლე მდგომარე [15] გარემოჲს მისა [16], შეწუხნა და მზაკუვარებაჲ თჳსი ვითარცა ღუარძლი დასთესა შორის ჰურიათა და ენება მათ მიერ დაბრკოლებაჲ მორწმუნეთაჲ მათ, და ესრეთვე აწ ისწრაფდა და წინაუძღოდა ბოროტი იგი წყეული უკეთურთა მათ მკეცთა, ვიდრემდის მოიწია ჩუენ ზედა ყოველი ვნებაჲ და წარწყმედაჲ და ტყუეობაჲ მიშუებითა

[2] და JT — [3] მოიწივნეს J, მოვიდეს corr. in მოიწივნეს T — [4] om. J — [5] -ნად J — [6] ქალაქი J — [7] თურთ J — [8] და- om. J — [9] ამისსა J — [10] მოი წივნეს JT — [11] JT add. და — [12] სიმრავლე J — [13] დაკსნასა J — [14] sup. lin. O — [15] om. J — [16] მისსა JT

ღმრთისაჲთა ; რამეთუ ყოველსა ადგილსა დათხევაჲ სისხლისაჲ იქმნებოდა აღძრვითა მისითა მათ დღეთა შინა. **8**. და ვინმე არა წუხდეს, ძმანო ჩემნო, საქმისა მის თჳს რომელი იქმნა კოსტანტინეპოლეს ისტჳნიანეს მიერ მეფისა, რაჟამს იგი კმობდეს : « სძლე, სძლე », ვითარ იგი მდინარე სისხლისაჲ დიოდა შორის ქალაქსა მოსრვითა ურიცხუთა მათ ერთაჲთა ? **9**. და ვისმე არა ესმა რაჲ [17] იგი იქმნა ანტიოქიას შინა ქალაქსა მას დიდსა, და რომელნი ჭირნი და განსაცდელნი შეემთხჳნეს [18] მკჳდრთა მისთა ? **10**. ვინმე არა იგლოვდეს და ტიროდის საქმისა მის თჳს რომელი შეემთხჳა ლავდიკია ქალაქსა და მკჳდრთა მისთა, ვითარ იგი ურიცხუნი სულნი [19] მოისრნეს შურითა და აღძრვითა ღმრთისმოძულისა მტერისაჲთა ? ვინმე შეუძლოს დუმილი და ცრემლთა თჳსთა დაყენებად [20] ყოვლისა მის თჳს ბოროტისა და ვნებისა ? **11**. ვინმე აღრაცხოს ჭირთა და ღუაწლთა სიმრავლე, და რაოდენნი ბევრნი მოისრნეს საქმისა მის თჳს რომელი ყო ბონოსი [21] უკეთურმან [22] ? **12**. ვინმე არა ტიროდის იერუსალჱმისა თჳს, და [23] რაჲ იგი შეემთხჳა მკჳდრთა მისთა ? ვინმე არა გოდებდეს მღდელთა [24] და მოწესეთა ⌜ტყუეობისა თჳს [25] და ქალწულთა და [26] უბიწოთა წარწყმედასა ? ვინმე არა წუხდეს ეკლესიათა და საკურთხეველთა დარღუევასა ? ვინმე არა იგლოვდეს და ცრემლოოდის მიუწუდომელსა [27] მას და აურაცხელსა მორწმუნეთა ტანჯვასა [28] ?

IV. **1**. და უკუეთუ გნებავს გულისხმისყოფაჲ საქმისა ამის, ისმინეთ [1] რაჲ ესე მითხრა კაცმან ვინმე ღმრთის მოყუარემან სიკუდილისა თჳს უკეთურისა მის კაცისა რომელსა ერქუა ბონოსის, რათა უწყოდით ვითარმედ ჭეშმარიტსა გითხრობ თქუენ ; რამეთუ კაცი ესე ღირსი, იყო რაჲ მჯდომარე იორდანით კერძო, მითხრა მე და თქუა ვითარმედ : **2**. «რაჟამს

[17] რა J — [18] შეემთხუვნეს J — [19] ერნი J — [20] -ბაჲ J — [21] ბონისი T ; corr. ex დონოსი J — [22] om. J — [23] om. JT — [24] მღრდელთა J — [25] თჳს ტყუწბასა J — [26] om. J — [27] მიუწდომელსა JT — [28] ტანჯვასა მორწმუნეთასა J

IV. [1] ისმინე თუ J

მოკუდა ბონოსის [2] უბადრუკი, მას ჟამსა ვიხილენ კაცნი ვინმე საშინელნი რომელთა მიჰყვანდა სული მისი ჯურღმულად[3] რომელი დაბეჭდულ იყო; და ჯდა მას ზედა მცველი; და ჰრქუეს მას : შენ გეტყჳთ, ჵ კაცო, განგჳღე ჩუენ ჯურღმული ესე [4], რათა შევაყენოთ სული ბონოსისი [5] მას შინა. **3**. მიუგო მათ [6] კაცმან მან რომელი ჯდა ჯურღმულსა მას ზედა და ჰრქუა : ვერ შემძლებელ ვარ მე [7] განღებად ჯურღმულისა ამის ვიდრე არა მიბრძანოს მე უფალმან. **4**. ხოლო ერთმან ვინმე მათ განმან რომელთა მიჰყვანდა სული ბონოსისი [8] მიისწრაფა და მოიღო კელითწერილი უფლისა მიერ. **5**. მაშინ მიხედა [9] მათ რომელი იგი ჯდა მცველად ჯურღმულსა მას ზედა და სულთითქუნა სიღრმითა გულისაჲთა და იცა [10] მკერდსა თჳსსა, და თქუა : ვაჲ უბადრუკსა სულსა ამას [11], რამეთუ ჟამით გან უშჯულოჲსა ივლიანესით [12] არა განმეღო მე [13] ჯურღმული [14] ესე ქუესკნელისა ბნელისაჲ». **6**. ესე ამის თჳს წარმოვთქჳ [15] რათა უწყოდით თუ ვითარნი კაცნი მკჳდრ იყვნეს ქუეყანასა ჩუენსა და რავდენნი [16] ბოროტნი აღასრულნეს [17], კლვითა და ოკრებითა და ძმათა თჳსთა მოსრვითა. **7**. და წინამძღუარ [18] ამის ყოვლისაჲ [19] იყო უკეთური ესე ბონოსის [20], რამეთუ ყოვლითურთ [21] სავსე იყო უღმრთოებითა და განკრძალულ ქალაქთა დარღუევასა და ეკლესიათა ოკრებასა [22] პირველმოკსენებულთა მათ თანა კაცთა უკეთურთა, ვიდრემდის მიიწია შფოთი იგი და სრვაჲ ვიდრე ეკლესიადმდე [23]; და ეგულებოდაცა შეპყრობაჲ და მოკლვაჲ პატრიაქისაჲ რომელი იყო უწინარეს ზაქარია პატრიაქისა, და [24] ეკლესიათა წარწყმედაჲ. **8**. ესევითართა საქმეთა აღასრულებდეს კაცნი იგი რომელნი მკჳდრ იყვნეს ჩუენ შორის; და

[2] ბონოსიოს T — [3] ჯურღმულსა JT — [4] om. T — [5] ბოსონისი J — [6] om. J, sup. lin. T — [7] om. JT — [8] ბოსონისი J — [9] მიჰხედა JT — [10] იცემდა JT — [11] ამას სულსა J — [12] ივლიანე მეფისაჲთ J — [13] om. J — [14] კარი J — [15] წარმოვთქჳთ J — [16] რაოდენნი JT — [17] აღესრულნეს JT — [18] წინამძღუარი J — [19] ყოვლისაჲ J — [20] ბონოსიოს T — [21] ყოვლითთურთ J — [22] მოოკრებასა J — [23] ეკლესიამდე J — [24] om. J

რაჟამს ვერ ვიცანთ ღმერთი და მცნებანი მისნი არა დავიმარხენით, მიგუცნა ღმერთმან კელთა[25] მტერთა ჩუენთასა, და მეუფლა ჩუენ ნათესავი იგი ბილწი სპარსთაჲ და მიყვეს ჩუენ ყოველივე[26] ნებისა ებრ მათისა.

V. **1**. და აწ ვიწყო და მიგითხრა რაჲ იგი იქმნა. რამეთუ ბოროტთა მათ ნათესავთა რაჟამს დაიპყრეს ყოველი ქუეყანაჲ შამისაჲ და ზღჳსკიდისაჲ, შეიპყრნეს ორნი ვინმე მონაზონნი მონასტერთა გან ზღჳსკიდისათა. **2**. და იყვნეს კაცნი იგი სათნოებითა შემკობილნი და ღირსად ცხორებულნი და სიტყჳთაცა[1] კეთილად მეტყუელნი და სიწმიდითა სრულნი; და იყვნეს იგინი ბრწყინვალენი ნიჭთა გან საღმრთოთა; რამეთუ უფალსა უყუარან მოშიშნი სახელისა მისისანი. **3**. და რომელმან იგი ბრძანა დანიელ წინაჲსწარმეტყუელისა[2] წარტყუენვაჲ და სამთა მათ ყრმათა ტყუეობაჲ სოფლისა მშჳდობისა თჳს, მასვე უფალსა სათნო უჩნდა წარტყუენვაჲ მონაზონთაჲ მათ, რათა ასწავონ[3] შჯული ღმრთისაჲ მრავალთა. **4**. და ვითარცა შეიპყრნეს მონაზონნი იგი და მიიყვანნეს[4] მთავრისა მათისა, მიხედა[5] პირსა მათსა და გულისხმაყო ღირსებაჲ მათი, დაღაცათუ იყო იგი წინააღმდგომი ღმრთისაჲ; და[6] ბრძანა დამარხვაჲ მათი, ვიდრემდის იხილოს თუ რაჲძი იქმნა დასასრული საქმისაჲ მის. **5**. და ვითარცა მოეახლა იერუსალჱმსა ქალაქსა მას წმიდასა, იწყო დღითი დღე კითხვად მათა[7] და ეტყჳნ: «⌈რასა იტყჳთ[8], ჵ მონაზონნო? ქალაქი ესე მომეცემის ⌈კელთა ჩემთა[9] ანუ არა?». **6**. მიუგეს მონაზონთა მათ და ჰრქუეს: «ცუდად დაშურები[10] შენ და ამაოსა განიზრახავ, ჵ ბოროტისა და ბილწისა ნათესავისა წინამძღუარო, რამეთუ მარჯუენაჲ უფლისაჲ ჰფარავს ქალაქსა ამას წმიდასა». **7**. და ვითარცა მოიწინეს[11] იერუსალჱმად[12], წარვიდეს დიდ

[25] კელთა კელთა (priore voce cancellata) J — [26] -ვე om. J

V. [1] -ცა om. T — [2] -ელსა J — [3] ასწაონ JT — [4] მოიყვანნეს J — [5] მიჰხედა J — [6] om. J — [7] მათდა J — [8] om. J — [9] om. JT — [10] დაჰშურები J — [11] მოიწივნეს J — [12] იერ(უ)ს(ა)ლიმად J

დიდნი და მთავარნი ერისა მისისანი, განიცდიდეს ქალაქსა და ზღუდეთა მისთა; და ვითარ იხილეს სიმრავლე იგი [13] მონასტერთაჲ და საყოფელი ღმრთის მოშიშთაჲ რომელნი იყვნეს გარემოჲს ქალაქსა, განეღო გონებაჲ მათი და უნდა მშჳდობისა ყოფად ქალაქისა მკჳდრთა თანა. **8**. მაშინ ნეტარმან ზაქარია პატრიაქმან, ვითარ ცნა ნებაჲ მათი და გულისხმაყო უფლისა მიერ რაჲ იგი შეემთხუევის ქალაქსა მას, უნდა მასცა მშჳდობისა ყოფაჲ მტერთა მათ თანა; **9**. და ამით ეძიებდა სამწყსოჲსა თჳსისა ცხორებასა და მტერთა გან კსნასა და წმიდათა მათ ადგილთა მშჳდობასა, რამეთუ უწყოდა სიმრავლე [14] იგი ცოდვისაჲ და განმრავლებაჲ უშჯულოებისაჲ [15] რომელი დღითი დღედ [16] იქმნებოდა ქალაქსა მას შინა. **10**. და ვითარცა გულისხმაყვეს მაშფოთებელთა მათ და [17] წინამძღუართა მათთა რაჲ იგი ეგულების პატრიაქსა ყოფად, შეკრბეს ერთბამად და ზედამიუკდეს [18] მას ვითარცა მკეცნი და ჰრქუეს მას: **11**. «შენ გეტყჳთ, რომელი ეგე [19] წინამძღუარი ხარ ერისაჲ ამის, არა კეთილსა განიზრახავ, რამეთუ გეგულების [20] მშჳდობისა ყოფაჲ მტერთა თანა. დაღაცათუ შენ წმიდად შეგირაცხიეს [21] თავი შენი და უშიშ ხარ მათ გან, რამეთუ ჰყუარობ სპარსთა ნათესავსა. არამედ ჩუენ არა ვჰმონებთ ნებასა შენსა [22], რამეთუ უცბობითა შენითა არა სათნოსა განიზრახავ, რაჟამს გნებავს მშჳდობისა ყოფაჲ კაცთა მათ თანა რომელთა არა ეშინის ღმრთისა». **12**. და უნებლიაჲთ დაჰკსნეს განზრახვაჲ მისი. მაშინ ვითარცა იხილა ნეტარმან ზაქარია უგუნურებაჲ მათი და რასა იგი ზრახვიდეს, იწყო გოდებად და ტირილად სამწყსოჲსა მისისა თჳს და წარწყმედისა თჳს ერისა მის [23] მორწმუნისა. არამედ ეშინოდა ბოროტთა მათ გან, ნუ უკუჱ მოკლან იგი, რომელთა თჳს დავით წინაჲსწარმეტყუელი იტყოდა: « მიკსენ მე მკდომისა [24] გან ერისა » [25]. **13**. და არათუ

[13] om. J — [14] -ჱ JT — [15] უსჯ- J — [16] დღე J — [17] om. J — [18] ზედამო- J — [19] ეგი sic J — [20] ეგულების T — [21] in T deest textus inter შეგი- et V, 22 -ისა მის თჳს — [22] შენსა ნებასა J — [23] თჳსისა J — [24] კდომისა J — [25] *Ps.* LVIII, 2

სიკუდილი მას უძნდა, ⌈რამეთუ ყოვლადვე სიკუდილსა ვითარცა მეგობარსა ეგრეთ მოელოდა[26], არამედ ეძიებდა იგი კსნასა ერისასა და წმიდათა მათ ადგილთა დაცვასა; და ამის თჳს ენება მშჳდობისა ყოფაჲ მტერთა მათ თანა, რამეთუ უწყოდა მიშუებაჲ იგი ღმრთისაჲ და რაჲ იგი შეემთხუეოდა ქალაქსა მას. **14**. და[27] ამის თჳს წუხდა იგი და ტიროდა ყოვლისა მის თჳს ერისა და ეტყოდა კრებულსა მას ტირილით: «თქუენ იხილეთ რაჲ ეგე განიზრახეთ; მემცა უბრალო ვარ სისხლისა თქუენისა გან». **15**. და მერმე გლოვით და გოდებით ჰრქუა მათ: «მეშინის მე ნუ უკუჱ[28] სიტყუაჲ იგი წინაჲს-წარმეტყუელისაჲ აღესრულოს ჩუენ შორის, რომელსა იტყჳს: ვაჲ ბოროტისმოქმედთა[29] და რომელნი მახლობელ მათა[30] იყვნენ»[31]. **16**. და რამეთუ ესე ყოველი უფლისა მიერ იყო[32], რათა განსწავლნეს შეცოდებულნი იგი და გესლი ცოდვათა მათთაჲ განწმიდოს ჭირითა მრავლითა; და იყო ესე ვითარცა წამალი მტკივანი რომელი მისცის მკურნალმან კელოვანმან განსაკურნებელად ვნებათა, რათა სენთა იგი სიმრავლე აოტოს, და ბიწი იგი ⌈ცოდვისაჲ გონებათა[33] გან[34] განწმიდოს. **17**. და შემდგომად მისა[35] შემძლებელ არს ძლიერი იგი უძლეველი მტერთაცა დამკობად და ძალისა მათისა განქარვებად, ოდეს მოაქციოს დაუძინებელი იგი თუალი მისი წყალებად[36] და მეიწყალოს ერი თჳსი, რომელმან დასცნეს მეფენი და კელ-მწიფენი. **18**. რამეთუ ისრაჱლიცა[37] პირველად[38] მეგჳპტელთა გან იგუემებოდა, და მერმე, ოდეს ჯერ უჩნდა ღმერთსა დამკობაჲ მათი, ეტლები იგი და ჰონები მათი[39] დაიკსნა და სპარაზენებაჲ აღჭურვილთა მათთა დაინთქა; და ესრეთვე ზღუდენი იერიქოჲსანი, ოდეს სათნო უჩნდა ღმერთსა დაცემაჲ მათი, მეყსეულად დაირღუეს; და სპარსთაცა იგი სიმრავლე

[26] რამეთუ – მოელოდა om. J — [27] om. J — [28] უკუ J — [29] ბოროტისა მოქმედთა J — [30] მათდა J — [31] ubi ? — [32] J add. ესე — [33] ცოდვისა გონებათაჲ J — [34] om. J — [35] მისსა J — [36] წყალობად J — [37] ი(სრა)ჱლიცა JO, იერუსალჱმიცა Marr. — [38] პირველ J — [39] მათი post ეტლები იგი J

ჰერაკლეს მიერ მეფისა დაამდაბლა, რაჟამს მოხედა სახიერმან მან ერსა თჳსსა მოწყალებითა. **19**. ხოლო ნეტარი ზაქარია, მწყემსი იგი ჭეშმარიტი, აწუევდა მშჳდობისყოფასა[40]; და ვითარ არა ისმინეს მისი, აზრახა მათ სხუაჲ ზრახვაჲ და მოუწოდა მონაზონსა ერთსა რომელსა ერქუა ამბა მოდისტოს, და იყო იგი მამასახლისი თევდოსიწმიდელი[41]; და უბრძანა მას რათა განვიდეს და შეკრიბოს ერი ბერძენთა ლაშქარისაჲ რომელი იყო იერიქოს, რათა შემწე იყვნენ ღუაწლსა მათსა. **20**. ხოლო ნეტარმან მოდისტოს შეიწყნარა ბრძანებაჲ იგი პატრიაქისაჲ და განვიდა და შეკრიბა ლაშქარი ბერძენთაჲ რომელი იგი იყო იერიქოს. **21**. ხოლო სპარსთა მათ მოიცვეს ქალაქი ყოველი და გარემოადგეს ბრძოლად. **22**. და ყოველსა ჟამსა მონაზონთა მათ ჰკითხვიდეს ქალაქისა[42] მის თჳს, უკუეთუ მისცემს ღმერთი კელთა მათთა ანუ არა; და დღესა ერთსა კუალად ჰკითხეს; **23**. მაშინ მონაზონთა მათ განიზრახეს ურთიერთას და თქუეს: «უკუეთუ ვტყუოთ[43] ბოროტ არს; და უკუეთუ ჭეშმარიტი ვთქუათ, მწუხარება არს; არამედ დაღაცათუ უთხრათ ანუ თუ დავფაროთ, ვერ ეგების[44] თუმცა ქალაქი ესე არა მოოკრდა; და ჯერ არს უკუჱ რათა ჭეშმარიტი იგი არა დავფაროთ». **24**. მაშინ მონაზონთა მათ სულთითქუნეს სიღრმითა გულისაჲთა და იცეს პირთა მათთა და თუალთა მათთა გან ცრემლი ვითარცა მდინარე ქუეყანასა დასწუთებოდა და მიუგეს და ჰრქუეს: «ცოდვითა ჩუენითა მიგუცნა ღმერთმან კელთა თქუენთა». **25**. ხოლო ჩუენ რაჟამს მივეცენით ტყუეობასა, ვარქუთ მონაზონთა მათ: «ვითარ პირველვე არა[45] გჳთხართ[46] ვითარმედ ქალაქი ესე მიეცემის კელთა მტერთასა? არამედ იტყოდეთ ვითარმედ[47] ღმრთისა მიერ დაცვულ არს[48], და უწყით რამეთუ სიტყუაჲ თქუენი უფლისა მიერ იყო; და მერმე სთქუთ ვითარმედ მიცემულ არს იგი ოკრებად».

[40] მშჳდობისა ყოფასა J — [41] თევდოსწმიდელი J — [42] inde ab -ისა T denuo post lacunam (v. notam 21, supra) — [43] ვტყოუთ J — [44] T add. ესე — [45] არა პირველვე J — [46] J add. ჩუენ — [47] om. J — [48] არსო JT

26. მოგჳგეს მონაზონთა მათ და თქუეს : « ჩუენ არა თუ წინაჲსწარმეტყუელნი ვიყვენით და წინაჲსწარმცნობელნი განჩინებასა ღმრთისასა ; არამედ ცოდვითა ჩუენითა მივეცენით [49] ჴელთა მტერთასა და ვიქმნენით ჴელთა მათთა ტყუჱ და გუემულ ერსა ამას თანა ღირსად საქმეთა ჩუენთა. **27**. ხოლო ქალაქისა ამის [50] თჳს წმიდისა, ნუ გიკჳრს რაჲ ესე მოიწია მის ზედა, რამეთუ ვითარ იგი ვიყვენით ჩუენ ღმრთისა თანა, ეგრეცა ღმერთი იყო ჩუენ თანა. **28**. ხოლო ჩუენ, რაჟამს გამოგჳყვანნეს ჩუენ ქუაბთა გან ჩუენთა სპარსთა ამათ, მოგჳყვანნეს აქა იერუსალჱმად, მივხედეთ [51] ზღუდესა ქალაქისასა და ვიხილეთ ხილვაჲ საკჳრველი ; რამეთუ ყოველთავე ⌈გოდოლთა და კოშკთა [52] მისთა თითოეულსა დგა [53] ანგელოზი, და აქუნდა ჴელთა მისთა ფარი და ლახუარი ცეცხლისაჲ. **29**. და ვითარ ვიხილეთ ძალი ესე, ფრიად განვიხარეთ, და გულისხმავყავთ რამეთუ ღმერთი ჩუენ კერძო არს ; ამის თჳს ვეტყოდეთ მტერთა ამათ ვითარმედ : ცუდად დაშურებით, და [54] ამაოსა განიზრახავთ ქალაქისა ამის თჳს, ვითარმცა მოგეცა იგი ჴელთა თქუენთა. **30**. და რაჟამს დაუტევეთ ჩუენ მორჩილებაჲ ღმრთისაჲ და შეურაცხვყვენით მცნებანი მისნი და უდებვყავთ ლოცვაჲ და დავაცადეთ ვედრებაჲ და თხოვაჲ წყალობისაჲ და შევძინეთ [55] საქმეთა ჩუენთა ბოროტთა, ამის თჳს ესმა უფალსა და [56] განრისხნა, და ცეცხლი აღატყდა სიონსა ზედა, და რისხვაჲ აღჴდა [57] ერსა მას ზედა და მიეცა სიკუდილსა და ტყუეობასა. **31**. მას ჟამსა გარდამოჴდა ანგელოზი ზეცით უწინარეს მოწევნულისა ამის ბოროტისა სამით დღით, და მოიწია მათ ანგელოზთამდე რომელნი იყვნეს მდგომარე ზედა ზღუდეთა მათ იერუსალჱმისათა და სცვიდეს მათ ; **32**. და ჰრქუეს მათ : წარვედით [58] ⌈ამიერ და განეშორენით [59], რამეთუ უფალსა მიუცემიეს [60] ⌈ქალაქი ესე წმიდაჲ

[49] მივეცენეთ J — [50] ა- sup. lin. J — [51] მივჰხედეთ J — [52] კოშკთა და გოდოლთა J — [53] დგა ante თჳთოეულსა J — [54] om. JT — [55] შევსძინეთ J — [56] om. OT — [57] აკდა O — [58] წარვედით bis J — [59] om. J — [60] J add. ეგე

კელთა მტერთასა [61]; და ვითარ ესმა ესე კრებულსა მას ანგელოზთასა, წარვიდეს, რამეთუ ვერ შეუძლეს წინააღდგომად ბრძანებასა ღმრთისასა. **33**. და ამის გამო ვცანთ ვითარმედ ცოდვათა ჩუენთა სძლიეს ⌜წყალობათა ღმრთისათა [62]. არამედ ნუ მწუხარე ხართ, ძმანო, ნუცა დაჰკსნდებით, რამეთუ ღმერთმან არა სიძულილით გჳყო [63] ესე, არამედ რათა [64] მსწავლნეს; რამეთუ მან სწავლის და კუალად ნუგეშინისსცის; დაუთმოთ ღუაწლსა ამას რათა განვერნეთ მერმეთა სატანჯველთა [65]. **34**. ისმინეთ რასა იტყჳს წინაჲსწარმეტყუელი დავით, ვითარმედ: თმენით დაუთმე [66] უფალსა და მომხედნა მე [67]; და კუალად იტყჳს: ნეტარ არს კაცი რომელი [68] განსწავლე შენ, უფალო [69]; და მერმე კუალად ⌜იაკობ მოციქული [70] იტყჳს: ნეტარ არს კაცისა [71] მის რომელმან დაუთმოს განსაცდელსა, რამეთუ მოწევნამან განსაცდელთამან და დათმენამან [72] ჭირისამან მოატყჳს გჳრგჳნი ცხორებისაჲ» [73]. **35**. და ესევითართა [74] სიტყუათა მონაზონნი იგი ერსა მას ეტყოდეს და ასწავებდეს, და მწუხარებაჲ იგი და ურვაჲ გონებათა მათთა გან გამოუღეს და განუქარვეს.

VI. **1**. და იყო ვინმე კუალად სხუაჲ მონაზონი ლავრასა წმიდისა საბაჲსასა, ღირსად ცხორებული და სათნოებითა შემკული, რომელსა ერქუა იოვანე; და ჯდა იგი ადგილსა მას რომელსა ჰრქჳან შჳდპირი; ამას აქუნდა მოწაფჱ მის თანა. **2**. და ვითარ იხილა ძმამან მან გარემოცვაჲ იგი [1] იერუსალჱმისაჲ მტერთა გან და მწუხარებაჲ იგი მოძღურისა თჳსისაჲ ამის საქმისა თჳს, ევედრა იგი მას და ჰრქუა: «მე უწყი [2], რაჲცა ჰკითხო ღმერთსა არა დაფაროს შენ გან; ამის თჳს გევედრები, წმიდაო მამაო, რათა მაუწყო მე უკუეთუ წმიდაჲ

[61] კელთა მტერთასა ქალაქი ესე წმიდაჲ J — [62] წყალობასა ღმრთისასა T — [63] გყო T — [64] om. JT — [65] JT add. გან — [66] დაუთმო J — [67] *Ps.* XXXIX, 2 — [68] JT add. ცა — [69] *Ps.* XCIII, 12 — [70] მოციქული იაკობ JT — [71] კაცისაჲ J — [72] თმენამან J — [73] *Iac.*, I, 12 — [74] JT add. ამათ

VI. [1] om. JT — [2] JT add. ვ(ითარმე)დ

ესე ქალაქი მიეცემის [3] კელთა [4] მტერთასა, და მკჳდრნი მისნი თუ მიეცემიან [5] ტყუეობასა». **3**. მიუგო ნეტარმან იოვანე მოხუცებულმან და ჰრქუა : «მე კაცი ცოდვილი ვარ, და ვინაჲ უწყი განჩინებაჲ ღმრთისაჲ და საქმჱ დაფარული ?». **4**. ხოლო მოწაფჱ იგი შეუვრდა ფერჴთა მისთა და ევედრებოდა ფრიად ; მაშინ ბერმან იწყო [6] ტირილად და ჰრქუა მოწაფესა თჳსსა : **5**. «ვინაჲთგან ესრეთ გნებავს, შვილო ჩემო, რათა სცნა საქმჱ იგი მომავალი ? ისმინე, და მე გითხრა შენ რაჲ იგი მაუწყა უფალმან უწინარეს ხუთისა დღისა ; რამეთუ ვიყავ მე გულისზრახვასა შინა ამის საქმისა თჳს და ვიხილე მე ჩუენებით რეცათუ ვინმე აღმიტაცა და დამადგინა მე [7] წინაშე წმიდასა გოლგოთასა ; და ყოველი კრებული ერისაჲ ვიხილე მუნ, რომელნი კმობდეს და იტყოდეს : უფალო შეგჳწყალენ. **6**. და მე აღვედ კლდესა მას ზედა გოლგოთისასა, და ვიხილე უფალი ჩუენი იესუ ქრისტე ჯუარსა ზედა, და წმიდაჲ ღმრთისმშობელი მარიამ დგა წინაშე მისსა და [8] ევედრებოდა იგი [9] უფალსა ერისა მის თჳს, რათა მას მიჰმადლნეს და შეიწყალნეს რისხვისა მის გან მომავალისა. **7**. ʻხოლო უფალმან [10] გარემიიქცია [11] პირი მისი არა სმენად ვედრებაჲ მისი და მერმე ჰრქუა მას [12] : არა ვისმინო ვედრებაჲ მათი და არცა მივჰმადლო თხოვაჲ მათი, რამეთუ განრყუნეს ტაძარი ჩემი და შეაგინეს სიწმიდე მისი. **8**. და ვითარ ვკმობდით [13] ძლიერად ცრემლითა და სულთქუმითა დიდითა და ვიტყოდეთ კირიელეჲსონსა, და არა მოგუხედა [14] უფალმან, მაშინ აღვიდა ყოველი იგი ერი კათოლიკედ, რომელ არს კოსტანტინე წმიდაჲ, სადა იგი იპოვა ძელი პატიოსნისა ჯუარისაჲ ; **9**. და მეცა აღვედ ტაძარსა მას ლოცვად ; და ვითარცა მოვიდრიკენ მუჴლნი ჩემნი თაყუანისცემად და [15] დავდევ თავი ჩემი ადგილსა მას ჯუარისასა, ვიხილე მუნ მწჳრე დიდძალი

[3] om. J — [4] კელსა J — [5] მიეცემიანა JT — [6] იწყო ბერმან J — [7] om. JT — [8] om. J — [9] om. Marr., habet J — [10] და უფალმან ხოლო J — [11] გარემიაქცია J — [12] მათ J — [13] უკმობდით Marr. — [14] მოგუხედნა Marr. — [15] om. J

გამომდინარე[16] ადგილსა მას, და აღივსებოდა ეკლესიაჲ ⌜მწჳრითა მით[17]. **10**. და ორნი ვინმე მოხუცებულნი ქალაქისანი დგეს მუნ; და კმა უყავ და ვარქუ : არა გეშინისა ღმრთისა? რაჲ არს ესე? რამეთუ ვერ შეუძლეთ ლოცვად ამის მწჳრისა გან. მომიგეს მოხუცებულთა მათ წარჩინებულთა და თქუეს : ესე ყოველი მღდელთა სიბოროტისა გან არს და სიბილწისა მათისა გან. **11**. ხოლო მე ვარქუ მათ : და[18] აწ ვერ შემძლებელ ხართა განწმედად ამისა[19]? ხოლო მოხუცებულთა[20] მათ მრქუეს მე : გრწმენინ, ძმაო, რამეთუ ვერ განწმიდნების ესე მწჳრე[21] ვიდრემდის არა გარდამოჴდეს ცეცხლი ზეცით და[22] დაწუას. ⌜აქამომდე იყო[23] ჩუენებაჲ ესე». **12**. მაშინ მონაზონმან მან იწყო გოდებად დიდითა ტირილითა[24] და ჰრქუა მოწაფესა თჳსსა[25] : «ჵ შვილო ჩემო, უწყოდე რამეთუ მიცემულ არს ქალაქი ესე წმიდაჲ კელთა[26] მტერთასა; და მოწევნულ არს ჩემიცა[27] მოღუაწებაჲ და განსლვაჲ ამიერ სოფლით; და ბრძანებაჲ გამოსრულ არს ამის ყოვლისა თჳს; და ფრიად ვევედრე უფალსა რათა თანაწარმკდეს მე[28] მოწევნული ესე განსაცდელი, და არა ისმინა ჩემი[29] უფალმან». **13**. და ვითარ ზრახვიდა[30] მონაზონი იგი მოწაფესა თჳსსა, მოიწინეს[31] მტერნი[32] იგი ბოროტნი და შეიპყრეს ნეტარი იგი მოხუცებული იოვანე და მოკლეს. **14**. ხოლო მოწაფჱ იგი ივლტოდა და განერა. და ვითარ წარვიდეს მტერნი იგი უკეთურნი[33], მოვიდა ძმაჲ იგი და პოვა მოძღუარი თჳსი მოკლული; და იწყო გოდებად დიდითა ტირილითა[34]; და მისა[35] შემდგომად დაჰმარხა იგი საფლავსა წმიდათა მამათასა.

VII. **1**. ხოლო სპარსთა ვითარცა გულისხმაყვეს ვითარმედ ქალაქისა მყოფნი არა თავსიდებენ მორჩილებასა მათსა, აღი-

[16] გამომავალი J — [17] მითა sic O — [18] om. J — [19] ამისსა J — [20] om. J — [21] მწჳრე ესე J — [22] J add. ესე ყოველი — [23] და აქამომდე ვიხილე J — [24] ტირილითა დიდითა J — [25] J add. და ჰრქუა — [26] კელსა J — [27] ჩუენიცა J — [28] om. T — [29] ჩ(უენ)ი T — [30] ჰზრახვიდა J — [31] მოიწივნეს J — [32] ერნი J — [33] ბოროტნი J — [34] ტირილითა დიდითა J — [35] ამისსა J

ძრნეს გულისწყრომითა დიდითა ვითარცა მჴეცნი მძჳნვარენი, და განიზრახვიდეს ყოველსა ბოროტსა იერუსალჱმისა თჳს, და მოიცვეს იგი დიდითა განკრძალვითა და ჰბრძოდეს. **2**. ხოლო მონაზონი იგი ამბა მოდისტოს, რომელი წარევლინა პატრიაქსა შეკრებად ბერძენთა ლაშქრისა [1] რათა შემწე ეყვნენ ჭირსა მათსა, დააჯერა მათ მოსლვაჲ; არამედ ღმერთმან არა ინება შეწევნაჲ მათი. **3**. რამეთუ ვითარცა იხილეს ბერძენთა მათ სიმრავლე სპარსთა ლაშქრისაჲ რომელთა დაებანაკა გარემო [2] იერუსალჱმსა, ერთბამად ყოველნი ივლტოდეს მათ მიერ ოტებულნი. **4**. ხოლო ამბა მოდისტოს დაშთა მარტოჲ, რამეთუ ვერ შეუძლო [3] სივლტოლაჲ; და იხილა კლდე ერთი კევსა მას და შევიდა მას შინა. **5**. და სპარსთა მათ მოეცვა კლდე იგი, და რომელნიმე [4] დგეს მას ზედა, და სხუანი კუალად დგეს პირისპირ კლდისა მის [5]. **6**. არამედ ღმერთმან, რომელმან დაიცვა ელისე წინაჲსწარმეტყუელი და მომავალნი იგი მკლველნი უწინარეს ხილვისა მისისა მოსწყვდნა, მას დაუყვნა მტერთა მათ თუალნი მათნი და დაიცვა მონაჲ იგი თჳსი უვნებელად; და მშჳდობით შთავიდა იგი იერიქოდ.

VIII. **1**. ხოლო მყოფნი ქალაქისანი მწუხარე იქმნნეს [1], რაჟამს ცნეს სივლტოლაჲ იგი ბერძენთაჲ და არაჲ [2] ვინაჲ ეპოვა მათ შემწე. **2**. მაშინ სპარსთა მათ გულისხმაყვეს ვითარმედ ღმერთსა განუწირვან ქრისტეანენი და არაჲ ვინ არს მწე მათი [3]. **3**. და განძლიერებულთა რისხვით იწყეს ღონისძიებად, ვიდრემდის აღაშენეს გოდლები გარემოჲს [4] ქალაქისა და დადგეს ფილეკავნები [5] მას ზედა საბრძოლად იერუსალჱმისა მყოფთა თჳს; და თითოსახჱ [6] შეჰმზადეს საბრძოლი, ვითარცა არს ჩუეულებაჲ მბრძოლთაჲ; და გულისწყრომითა დიდითა ჰბრძოდეს ქრისტეანეთა. **4**. და უფროჲს ხოლო ამის თჳს

VII. [1] -ისად J — [2] გარემოჲს J — [3] შეუძლეო, ე cancellato J — [4] -მე om. J — [5] om. J

VIII. [1] იქმნეს J — [2] არა J — [3] მათდა J — [4] უფრ(ოჲ)ს sic J — [5] ფილაკავნები J — [6] თჳთოსახე J

განკრძალულ იყვნეს და ენება დაპყრობაჲ მისი, უწყოდეს რამეთუ ესე ქალაქი არს შესავედრებელი ყოველთა ქრისტეანეთაჲ და სიმტკიცჱ მეფობისა მათისაჲ. **5**. და იყო დაწყებაჲ ბრძოლისაჲ სპარსთა გან ქრისტეანეთა მიმართ იერუსალჱმისათა თუესა აპრილსა ათხუტმეტსა, ინდიკტიონსა ორსა და მეოთხესა წელსა ჰერაკლე[7] მეფობისასა; და დაყვეს ბრძოლასა შინა ოცი დღჱ; და ესროდეს ფილეკავანითა[8] ძლიერად, ვიდრემდის დასცეს ზღუდჱ ქალაქისაჲ მეოცდაერთესა[9] დღესა. **6**. და[10] მაშინ მტერნი იგი ბოროტნი შევიდეს ქალაქად რისხვითა დიდითა ვითარცა მჴეცნი განძჳნებულნი და ვითარცა ვეშაპნი განბოროტებულნი. **7**. ხოლო კაცნი იგი რომელნი სცვიდეს ზღუდესა ქალაქისასა ივლტოდეს და დაიმალებოდეს ქუაბთა შინა და ორმოთა[11] და ლაკუათა რათამცა თავნი თჳსნი განირინნეს[12], და სიმრავლე ერისაჲ მიივლტოდა ეკლესიათა და საკურთხეველთა და მუნ შინა მოისრვოდეს. **8**. რამეთუ მტერნი იგი შევიდოდეს გულისწყრომითა დიდითა და კბილთა თჳსთა იღრჭენდეს განრისხებულნი სასტიკად, და ვითარცა მჴეცნი ბოროტნი იბრდღუენდეს და ვითარცა ლომნი იზახდეს და ვითარცა ჯარბნი[13] იქედნენი ისტჳნვიდეს, და ყოველსა რომელსა ჰპოებდეს მოჰკლვიდეს; და ვითარცა ძაღლნი განცოფებულნი[14] კორცთა მორწმუნეთასა კბილითა მოშჭამდეს, და ყოვლით ურთ[15] არავის შეიწყალებდეს[16], არცა მამაკაცსა არცა დედაკაცსა არცა ჭაბუკსა არცა ბერსა არცა ყრმასა არცა ჩჩჳლსა არცა მღდელსა[17] არცა მონაზონსა არცა ქალწულსა არცა ქურივსა. **9**. და რასაღამე მრავალსა ვიტყოდი? რამეთუ ვერცა[18] შემძლებელ ვარ საზომსა მის ჭირისასა მითხრობად რომელი მოიწია ⌈ჩუენ ზედა[19], ვიდრემდის იერუსალჱმი იგი ზეცისაჲ იგლოვდა[20] ქუეყანისა იერუსალჱმსა. **10**. და ამისი ჭეშმარი-

[7] Sic OJT ; leg. ჰერაკლე მეფისასა — [8] პილაკავანითა J — [9] მეოცდერთესა J — [10] om. J — [11] ურმოთა J — [12] განარინნეს J — [13] ჯირბნი J — [14] გან-ძჳნებულნი J — [15] ყოვლით თურთ J — [16] შეიწყნარებდეს J — [17] მღრდელსა J — [18] ვერცაღა J — [19] om. J — [20] ეგლოვდა J

ტებაჲ, ძმანო, ამით საცნაურ იყო [21] რამეთუ ბნელი და წყუდიადი მოეფინა [22] ქალაქსა ზედა მას დღესა შინა მსგავსად დღისა მის რაჟამს იგი მზემან არა გამოსცა ნათელი თჳსი დღესა მას დიდსა ჯუარცუმისა უფლისასა [23]; და ესრეთვე რაჟამს ესეცა მისცა უფალმან სიონი სწავლასა და მხილებასა ცეცხლითა, განსწავლა იგი სამართლად. **11**. ხოლო ბოროტნი იგი სპარსნი რომელთა არა აქუნდა ყოვლადვე გულთა [24] მათთა წყალობაჲ რბიოდეს ყოველსა ადგილსა ქალაქსა შინა და ყოველსა ერსა ერთბამად მოჰსრვიდეს [25]. **12**. და რომელი ვინ ივლტინ შეძრწუნებული მათ გან შეიპყრობდეს; და უკუეთუ ვინმე შიშისა გან კმობნ, იგინი კბილღრჭენით იბრდღუენდიან მის ზედა და პირი დაუყვიან შემუსრვითა კბილთა მათთაჲთა. **13**. და ჩჩჳლნი ყრმანი ქუეყანასა შეაწყჳდნიან, და იგი უკმობედ მშობელთა მათთა წრტიალებითა დიდითა, და მშობელნი მათნი კრჩხიალებით და გოდებით ეტყეპედ შვილთა თჳსთა და მათ თანავე მოისრვედ [26]. **14**. და აღჭურვილი თუ ვინმე პოვიან, საჭურველითავე მისითა მოსწყჳდიან, და მალიად მსრბოლი ისრითა განგუმირიან [27], და მყუდროჲ იგი და მშჳდი უწყალოდ მოკლიან; **15**. და მვედრებელთა იგი ქენებაჲ არა ისმინიან, და ჭაბუკთა იგი შუენიერებაჲ არა შეიწყალიან, და მოხუცებულთა იგი სიბერე არა შეიმტკივნიან, და მოწესეთა იგი სიმდაბლე არა შეიკდიმიან; **16**. არამედ ყოველი ჰასაკი მოისრვოდა, და ვითარცა საცხოვარნი დაიკლვოდეს; და რომელნიმე ვითარცა მხალნი დაიჭრებოდეს, და ყოველთა ერთბამად სასუმელი იგი სავსე [28] სიმწარითა [29] შესუეს; და ზარი და საშინელებაჲ იერუსალჱმს შინა იხილვებოდა. **17**. და წმიდანი ეკლესიანი ცეცხლითა დაიწუებოდეს, და რომელნიმე დაირღუეოდეს, და დიდებულნი საკურთხეველნი დაეცემოდეს, და პატიოსანნი ჯუარნი ფერკითა

[21] იყავნ J — [22] მოიწია J — [23] მისისასა J — [24] J add. შინა — [25] მოსრვიდეს J — [26] მოისრვოდეს J — [27] განგურიმიან J — [28] om. J — [29] სიმწარისაჲ JT

დაითრგუნვოდეს, და ცხოველსმყოფელნი ხატნი ბილწთა მათ გან ინერწყუებოდეს. **18**. მაშინ რისხვაჲ იგი მღდელთა [30] და დიაკონთაცა [31] ზედა მოიწეოდა, და ვითარცა საცხოვარნი პირუტყუნი ეკლესიათა შინა დაიკლვოდეს. **19**. და დედაჲ განშორებასა შვილთასა ეტყებდა [32]; და ყრმანი ვითარცა მართუენი მფრინველთანი ჟიოდეს, და მდინარე სისხლისაჲ [33] შორის ქალაქსა დიოდა; და ყოველნი ქალწულნი ქალწულებისა თჳსისა განრყუნასა ეგლოვდეს, და ყოველნი მიდგომილნი და [34] ქმრისცოლნი [35] ქმართა თჳსთა ეგლოვდეს [36], და ქმარნი ცოლთა თჳსთა [37] სტიროდეს. **20**. ჵ ძმანო ჩემნო [38], ვინმემცა [39] შეუძლო ჭირი იგი დღისაჲ მის აღრაცხად და უწყებად თქუენდა? ანუ რომელმანმცა გულფიცხელმან იხილა მოწევნული იგი ბოროტი და არა მუნთქუესვე აღიძრა გოდებად ტირილითა დიდითა და შემუსრვილითა გულითა? **21**. რამეთუ ძმანი და მეგობარნი ურთიერთას [40] განეშორებოდეს, და ახლად ქორწინებულნი სიძენი სძალთა თჳსთა დაუტეობდეს, და სძალნი იგი სიძეთა მათ მოკლულთა [41] ფოლოცთა შინა მიემთხუეოდეს; და მონაზონნი და ქალწულნი ვითარცა ავაზაკნი მოიკლვოდეს. **22**. და ვინმემცა არა შეძრწუნდა მტერთა მათ გან, რაჟამს ხედვიდა [42] მათ ⌜ვითარ იგი [43] შევიდოდეს ეკლესიათა ღმრთისათა და მახჳლნი კდილნი აქუნდეს კელთა მათთა, და მღდელთა [44] და დიაკონთა მოსრვიდეს? **23**. მღდელი [45] დგან საკურთხეველსა ზედა და მსხუერპლსა მას უსისხლოსა [46] შესწირავნ და ხელითა ზჱ აღუპყრიედ წმიდაჲ წმიდათაჲ, საუფლოჲ კორცი; და მახჳლმან მოიცვის იგი ⌜და მუნვე ზედა მოიკლის იგი [47], და სიწმიდე იგი სისხლითა მისითა შეიბღალის. მღდელი [48] ყოვლისა სოფლისა თჳს კრავსა მას ღმრთისასა დაჰკლავნ, და იგი მის

[30] მღრდელთა J — [31] -ცა om. J — [32] იტყებდა T — [33] ც(ე)ცხლ(ი)ს(ა)ჲ J — [34] om. T — [35] ქმრისა ცოლნი J — [36] და ყოველნი - ეგლოვდეს om. T — [37] J add. ეგლოვდეს და- — [38] om. J — [39] ვინმცა J — [40] -არს J — [41] JT add. დაუტეობდეს — [42] ჰხედვიდეს J — [43] და J — [44] მღრდელთა J — [45] მღრდელი J — [46] უბიწოსა J — [47] om. J — [48] მღრდელი J

თანავე დაიკლის[49] და სისხლითა მისითა სისხლი იგი საუფლოჲ განიზავის[50]. **24**. დიაკონთა სამოსელი იგი[51] ზზ აღუპყრიედ[52], და მასვე ადგილსა ვითარცა საცხოვარნი[53] დაიკლნიან, და სისხლითა მათითა წმიდაჲ საკურთხეველი შეიბღალის. **25**. მონაზონნი და ქალწულნი ეკლესიათა შინა ღმერთსა ევედრებიედ ცრემლითა და სულთქუმითა, და ვითარცა პირუტყუნი საცხოვარნი მოისრნიან. **26**. და ვინმე შეუძლოს მითხრობად რასა მტერნი იგი ბოროტნი იქმოდეს და ვითარი საშინელებაჲ იერუსალჱმსა შინა იხილვებოდა? არამედ, ⌜ქრისტეს მოყუარენო[54] ძმანო, სულგრძელებით ისმინეთ ჩემი, რამეთუ სალმობაჲ გულისა ჩემისაჲ აღმძრავს მე სიტყუად და არა მიუფლობს დუმილსა; და ვინაჲთგან მიწყიეს მე თხრობად საქმისა ამის, მნებავს რათა ყოველივე გაუწყო თქუენ.

IX. **1**. რამეთუ რაჟამს[1] შემოვიდეს სპარსნი იგი ქალაქად და მოსრეს ურიცხჳ სული და განმრავლდა[2] სისხლი ყოველსა ადგილსა, მიერითგან ვერღარა შეუძლებდეს კლვასა ⌜მტერნი იგი[3]. **2**. და დაშთა ერი ⌜მრავალი ქრისტეანეთაჲ[4] რომელი არა მოისრა; და ვითარცა დასცხრა სიმძაფრე[5] იგი[6] გულისწყრომისა მათისაჲ, მაშინ ბრძანა მთავარმან მათმან, რომელსა ერქუა რასმიოზდან[7], რათა ქადაგი განვიდეს კმობად და იტყოდა[8]: «ყოველნი რომელნი დამალულ ხართ, გამოვედით; ნუ გეშინინ, რამეთუ აღებულ არს მახჳლი თქუენ გან, და მშჳდობაჲ გაქუს ჩემ მიერ». **3**. მაშინ, ვითარცა ესმა ესე, მრავალი ერი გამოვიდა რომელნი დამალულ იყვნეს ლაკუათა შინა და ორმოთა; და მრავალნი მათ განნი მომკუდარ იყვნეს მუნ შინა რომელნიმე სიბნელითა და რომელნიმე შიმშილითა და[9] წყურილითა. **4**. და ვინმემცა აღრაცხა სიმრავლე მკუდართაჲ?

[49] დაიკლვინ J — [50] განზავის J — [51] om. J — [52] აღურიენ sic J — [53] ცხოვარნი J — [54] საყუარელნო J

IX. [1] om. T — [2] J add. ყ(ოველ)ი, cancellatum — [3] om. J; იგი om. T — [4] ქრისტიანეთაჲ მრავალი J — [5] სიმძლაფრე T — [6] om. JT — [7] რასმიზოდან J — [8] იტყოდის J — [9] და om. Marr.

რამეთუ მრავალნი ბევრნი მომწყდარ იყვნეს მრავლითა ჭირითა და თითოსახითა [10] ღუაწლითა, ვიდრემდის სიმრავლითა მით ჭირისაჲთა გამოვიდოდეს დამალულნი იგი და თავთა მათთა სიკუდილსა მისცემდეს, რაჟამს ესმა ბრძანებაჲ მთავრისაჲ მის; ჰგონებდეს ვითარმედ კეთილისა მათისა თჳს ნუგეშინისსცემს მათ და გამოსვლითა მათითა ელხინოს მათ. **5**. და რაჟამს გამოვიდეს დამალულნი იგი, მოუწოდა მათ მთავარმან მან და იწყო კითხვად ყოველსა ერსა ვითარმედ: «რაჲ ხუროებაჲ [11] იცით?». და ვითარცა წარმოთქუა კაცადკაცადმან საქმჱ თჳსი, ბრძანა რათა კელოვანნი იგი ხუროებითა განარჩინეს [12] კიდე, რათა წარიყვანნეს ტყუედ სპარსეთად. **6**. ხოლო ნეშტი იგი [13] ერისაჲ მის შეიპყრა და შეაყენა იგი ბირქასა მას მამილისასა [14], რომელ იგი არს გარეშე ქალაქსა და შორავს გოდოლსა მას დავითისსა ვითარ ორ უტევან; და უბრძანა მცველთა [15] რათა ფლისკინასა მას შეყენებულთა მათ სცვიდენ. **7**. ჵ ძმანო ჩემნო, ვინ აღრაცხოს ⌜ჭირი იგი და ღუაწლი [16] რომელი შეემთხჳა ქრისტეანეთა მას დღესა შინა? რამეთუ სიმრავლე იგი ერისაჲ ერთიერთსა დააშთობდა, და მამანი და დედანი მოსწყდებოდეს ⌜ადგილისა მის [17] იწროებითა, და ვითარცა [18] საცხოვარნი კლვად განჩინებულნი ეგრე [19] ერი მორწმუნეთაჲ დაკლვად განემზადებოდა, და ყოვლით კერძო სიკუდილი შეიქმნებოდა. **8**. რამეთუ სიმძაფრე იგი სიცხისაჲ ვითარცა ცეცხლი შესწუვიდა სიმრავლესა მას ერისასა, და ურთიერთას [20] დასთრგუნვიდეს ტენებისა მის გან, და მრავალნი მოსწყდებოდეს [21] უმახჳლოდ; და შიმშილი და წყურილი მათ ყოველთა შეაურვებდა. **9**. და ღაღადებდეს უფლისა მიმართ, და უგულებელსყვნა იგინი [22] მაღალმან; და ვითარცა საცხოვარნი დაკლვად განმზადებულნი მისცნა იგინი უფალმან კელთა

[10] თჳთოსახითა J — [11] ხურეოებაჲ J — [12] განარინნეს T, განარჩივნეს J — [13] om. J — [14] მამილაჲსასა J — [15] J add. მათ — [16] ღუაწლი იგი და ჭირი — [17] ადგილსა მას J — [18] om. J — [19] ეგრეთვე J — [20] -არს J — [21] -ს- sup. lin. O — [22] იგი J

მტერთასა. **10**. მაშინ ყოველნი იგი, ძმანო ჩემნო, სიკუდილსა ინატრიდეს ვითარცა ცხოვრებასა. და მოიჴსენეთ სიტყუაჲ იგი[23] იობ მართლისაჲ რომელსა იტყჳს ჭირვეულთა თჳს ვითარმედ : «რომელნი ჭირსა შინა იყვნენ, ეძიებდენ სიკუდილსა და არა ჰპოებდენ[24]» ; და ესენიცა ეძიებდეს სიკუდილსა, ვითარცა ვინ ეძიებნ საფასესა, და არა ჰპოებდეს[25], და რაჟამს ვინმე მოკუდებინ, მხიარულ არნ იგი ფრიად, და სხუანი იგი ჰნატრიედ მას. **11**. მას ჟამსა ყოველთა ერთბამად აღუტევეს ჴმაჲ ზეცად[26] უფლისა მიმართ და იტყოდეს : « ჵ უფალო, ნუ მიმცემ ჩუენ სრულიად, და[27] ნუცა წარმწყმედ ჩუენ ჴელითა მტერთა შენთაჲთა მორწმუნეთა შენთა ; მოიხილე ჩუენ ზედა ზეცით წმიდით შენით და შეიწყალე ერი შენი. ჵ უფალო, ნუ უგულებელსჰყოფ ჴმასა მხადელთა შენთასა ; ჵ უფალო, მსწრაფლ[28] მეწიენ ჩუენ წყალობაჲ შენი, ანუ[29] სიცოცხლით ჴსნაჲ მტერთა გან ანუ სიკუდილი მსწრაფლი[30], რათა განვერნეთ ტანჯვისა[31] გან ; მახჳლი უმჯობეს არს ჩუენდა, უფალო, ვიდრე სიკუდილი შიმშილითა ; ლახუარი უმჯობეს არს ჩუენდა ვიდრე სიკუდილი წყურილითა ; დაკლვაჲ დანაკითა უმჯობეს არს ჩუენდა ვიდრე შეგინებაჲ ჩუენი მტერთა გან ჩუენთა». **12**. მაშინ ყრმანი ჩჩჳლნი[32] ჟიოდეს და ეძიებდეს მშობელთა მათთა და არა ჰპოებდეს ; და მშობელნი ეძიებდეს ყრმათა მათთა ტირილითა დიდითა[33] და არა ჰპოებდეს ; რამეთუ რომელნიმე მოსწყდეს, და[34] რომელნიმე ტყუე იქმნნეს[35], და რომელნი[36] იგი ჴელთა აქუნდეს, მოვესწყდებოდეს[37] შიმშილითა და წყურილითა. და დიდი იგი ბირქაჲ, რომელი სავსე არნ წყლითა[38], აღივსებოდა[39] იგი[40] სისხლითა.

X. **1**. მაშინ უკეთურთა ჰურიათა და მტერთა ჭეშმარიტებისათა და ქრისტეს მოძულეთა, ვითარცა იხილნეს ქრისტეანენი

[23] om. J — [24] *Iob,* III, 21 — [25] ჰპოებნ J — [26] sup. lin. J — [27] om. JT — [28] -ს- sup. lin. O — [29] ანო J — [30] -ს- sup. lin. O ; მძლფრი J — [31] ტანჯვათა J — [32] ჩჳლნი J — [33] om. J — [34] om. J — [35] იქმნეს J — [36] რომელნიმე J — [37] -ს- sup. lin. O — [38] J add. აწ — [39] აღივსო J — [40] sup. lin. J

რამეთუ მიცემულ არიან კელთა [1] მტერთასა, განიხარეს ფრიად, რამეთუ სძულდეს ქრისტეანენი, და განიზრახეს განზრახვაჲ [3] ბოროტი მსგავსად უკეთურებისა მათისა ⸢ერისა მის თჳს [3]; რამეთუ სადგური მათი დიდი იყო წინაშე სპარსთა მათ ამის თჳს რამეთუ შინაგანმცემელ ქრისტეანეთა [4] ექმნნეს [5]. **2**. და მას ჟამსა წარმოდგიან კიდესა მის ბირქისასა და უკმობედ შვილთა მათ ღმრთისათა, იყვნეს რაჲ იგინი შეყენებულ, და ეტყჳედ : «უკუეთუ გნებავს რათა სიკუდილისა გან განერნეთ, იქმნენით ჰურია და უვარყავთ ქრისტე, და აღმოვედით მაგიერ ადგილით და მოვედით ჩუენდა ; რამეთუ საფასითა ჩუენითა სპარსთა გან მოგიყიდნეთ, და კეთილი გეყოს თქუენ ჩუენ [6] მიერ». **3**. და არა აღესრულა ⸢ნებაჲ იგი ბოროტი ზრახვისა მათისაჲ [7] და ამაო იქმნა შრომაჲ მათი ; რამეთუ შვილთა წმიდისა ეკლსიისათა აღირჩიეს სიკუდილი ქრისტეს თჳს ვიდრეღა არა უღმრთოებით ცხორებაჲ ; და უმჯობესად შეჰრაცხეს კორცთა მათთა გუემაჲ, და არა ⸢სულისა წარწყმედაჲ [8] და რათა არა იყოს ნაწილი მათი ჰურიათა თანა. **4**. და ვითარ იხილეს ბილწთა მათ ჰურიათა მტკიცედ დგომაჲ იგი ქრისტეანეთაჲ და შეურყეველი სარწმუნოებაჲ იგი [9] მათი, აღიძრნეს გულისწყრომითა დიდითა ვითარცა მკეცნი ბოროტნი ; და მერმე სხუაჲ ზრახვაჲ განიზრახეს, და ვითარ იგი პირველ მოიყიდეს უფალი იუდაჲსა გან ვეცხლითა, ესრეთვე [10] მოიყიდდეს ქრისტეანეთა ბირქისა მის გან, რამეთუ ვეცხლი მისციან სპარსთა მათ და მოიყიდიან ქრისტეანე და ვითარცა ცხოვარი დაკლიან. **5**. ხოლო ქრისტეანენი მხიარულ იყვნეს რამეთუ ქრისტეს თჳს დაიკლვოდეს და სისხლთა მათთა სისხლისა მისისა წილ დასთხევდეს და სიკუდილსა სიკუდილისა მისისა თჳს თავსიდებდეს ; და საუკუნოჲ იგი ცხორებაჲ უფროჲს საწუთროჲსა [11] ამის აღირჩიეს. **6**. და კმა ყვეს

X. [1] კელსა J — [2] ზრახვაჲ J — [3] om. J — [4] om. J — [5] იქმნეს J — [6] corr. ex ჩემ J — [7] ზრახვაჲ იგი და ნებაჲ მათი J — [8] წარწყმედაჲ სულისაჲ J — [9] იგი ante სარწმუნოებაჲ J — [10] -ვე om. JT — [11] საწუთოჲსა J

ჰურიათა მიმართ და თქუეს[12] : « ჵ მტერნო ღმრთისანო უკეთურნო, რავდენ[13] გინდა თქუენ წარწყმედაჲ ჩუენი! და არა აღესრულა ნებაჲ თქუენი ბოროტი; რამეთუ პირველ შინაგანმცემელ მექმნენით და არა დაადგერით[14] ჩუენ თანა ღუაწლსა მას[15] მტერთასა, და აწ გნებავს რათა მყვნეთ ჩუენ ჰურია და ზიარ წარწყმედისა თქუენისა. **7**. არამედ აწ ესერა ⌜თქუენ მიერ ვიქმნებით ჩუენ[16] მოღუაწე და ქრისტეს მოწამე და ყოვლისა ამის ერისა თჳს მეოხ წინაშე უფლისა და რათა განმრავლდენ სატანჯველნი თქუენნი[17] მრჩობლითა[18] პატიჟითა. **8**. რამეთუ პირველად მოჰსრენით[19] წინაჲსწარმეტყუელნი და ჯუარს აცუთ უფალი დიდებისაჲ, და აწ[20] განჰმზადეთ ჩუენ თჳს მწარე სიკუდილი, რომელი არცაღა მტერთა ჩუენთა განიზრახეს ეგევითარი, რომელ თქუენ შეჰმზადეთ[21] ჩუენ თჳს სიკუდილი». **9**. და ვითარცა წარიტყუენა ერი იგი ⌜სპარსეთად და[22] დაშთეს ჰურიანი იერუსალჱმს, იწყეს კელითა მათითა დარღუევად და დაწუვად წმიდათა ეკლესიათა რომელნი დაშთომილ იყვნეს დაურღუეველად.

XI. **1**. და ნუ გიკჳრნ ესე, ძმანო ჩემნო, რამეთუ სადა განმრავლდეს[1] ცოდვაჲ, მუნ უფროჲს განმრავლდიან ჭირნი და განსაცდელნი რისხვისა გან და განძლიერდის[2] ძალი მტერისაჲ; და ამის თჳსცა მიეცა იერუსალჱმი ოჴრებასა და მკჳდრნი მისნი წარწყმედასა. **2**. რავდენნი[3] სულნი ფლისკინასა მას შინა[4] მამილისასა[5] დაიკლნეს! რავდენნი[6] სულნი შიმშილითა და წყურილითა მოსწყდეს! **3**. რავდენნი[7] მღდელნი[8] და მოწესენი მახჳლითა მოისრნეს! რავდენნი[9] ჩჩჳლნი[10] ფერკითა მოიჟულიმნეს და შიმშილითა და წყურილითა მოსწყ-

[12] ჰრქუეს J — [13] რაოდენ J — [14] JT add. თქუენ — [15] om. J — [16] ვიქმნენით ჩუენ თქუენ მიერ J — [17] om. Marr, habet J — [18] მრჩობლნი J — [19] -ჰ- sup. lin. O — [20] აწცა JT — [21] შეეჰმზადეთ J — [22] om. J

XI. [1] -დის J — [2] -დეს J — [3] რაოდენი J — [4] შინა post მამილ. J — [5] მამილაჲსასა J — [6] რაოდენნი J — [7] რაოდენნი J — [8] მღრდელნი J — [9] რაოდენნი J — [10] ჩჳლნი J

დეს და შიშითა და ზარითა მტერთაჲთა განკჳდეს [11] ! **4**. რავდენნი [12] ქალწულნი სიკუდილსა მიეცნეს მტერთა გან, რომელნი არა ერჩდეს ბილწებით შეგინებასა მათსა ! **5**. რავდენნი [12] მშობელნი შვილთა მათთა ზედა მოსწყდეს ! რავდენნი [12] ერნი მიიყიდნეს [13] ჰურიათა და [14] დაკლნეს, და იქმნნეს [15] ქრისტეს მოწამე ! **6**. და რავდენნი [16] სულნი, მამანი და დედანი და ყრმანი ჩჩჳლნი [17], ორმოთა [18] და ლაკუათა შინა დამალულნი სიბნელითა და სიყმილითა მოსწყდეს ! **7**. რავდენნი [19] სულნი მიივლტოდეს ეკლესიად, აღდგომად [20] და სიონდ [21] და სხუათა ეკლესიათა, და მუნ შინა მოისრნეს და ცეცხლითა დაიწუნეს ! **8**. და ვინმე შეუძლოს აღრაცხად [22] სიმრავლე იგი მკუდართაჲ რომელნი მოისრნეს იერუსალჱმს ? **9**. სამართლად [23] ესე ყოველი მოიწია ჩუენ ზედა, და ამის თჳსცა ვღაღადებთ და ვიტყჳთ : « სამართლად, უფალო, მიგუცენ სწავლასა ; სამართლად, უფალო, ესე ყოველი მოაწიე ჩუენ ზედა, რამეთუ მართალ ხარ შენ და სამართალ არს საშჯელი [24] შენი [25], სიკუდილი და სიყმილი და ტყუეობაჲ [26] და მონებაჲ და მიცემაჲ ჴელთა [27] მტერთა ჩუენთასა ; და ვითარცა უნდა უფალსა, ეგრეცა ყო ; იყავნ [28] სახელი უფლისაჲ კურთხეულ ამიერითგან უკუნისამდე [29] ». **10**. ამას ვიტყოდით რამეთუ სამართლად ესე ყოველი შეგუემთხჳა [30] ჩუენ, რათა სწავლითა ამით ვიცნათ უფალი, ვითარცა იტყჳს პავლე მოციქული, ვითარმედ : « განთუვიკითხნეთ უფლისა მიერ, განვისწავლებით, რათა არა სოფელსა თანა დავისაჯნეთ [31] ». **11**. რამეთუ უფალმან აღგუამაღლნა ჩუენ, და არა ვიტჳრთეთ სიმაღლე ; პატივგუცა ჩუენ და არა გულისხმავყავთ ; და ამის თჳს მიგუცნა ჩუენ [32] სიკუდილსა მას [33] ბოროტსა, და ნაცვალად ამაღლებისა დაგუამდაბლნა [34]

[11] განკაფდეს J — [12] რაოდენნი J — [13] მიეყიდნეს J — [14] om. J — [15] იქმნეს J — [16] რაოდენნი J — [17] ჩჳლნი J — [18] ჰორმოთა J — [19] რაოდენნი J — [20] ადგომად O — [21] სიონად J — [22] აღრაცხვად J — [23] და სამართლად J — [24] სასჯელი J — [25] *Ps.* CXVIII, 137 — [26] ტყუჱობაჲ J — [27] ჴელსა J — [28] -ნ sup. lin. O — [29] *Ps.* CXII, 2 — [30] შემემთხჳა J — [31] 1 *Cor.*, XI, 32 — [32] om. T — [33] om. J — [34] და- om. J

ჩუენ, და ნაცვალად პატივისა მიმცნა[35] ჩუენ შეურაცხებასა, და ნაცვალად[36] სიწმიდისა მივეცენით ჩუენ სიბილწესა[37], და ნაცვალად ღმრთისმსახურებისა ვიქმნენით მსახურ მტერთა ჩუენთა. **12** დაუტევეთ ჩუენ ღმერთი, და დამიტევნა ჩუენ ღმერთმან; განვეშორენით ჩუენ ღმერთსა, და განმეშორა ჩუენ ღმერთი. **13**. ხოლო, ძმანო ჩემნო, დაღაცათუ უფალმან სახიერმან მიმცნა ჩუენ სწავლასა, არამედ უმჯობესისა თჳსვე[38] ჩუენისა ყო გუემაჲ იგი მოწყალებით და არა სიძულილით. **14**. რამეთუ მრავალნი სინანულად მოიყვანნა და დაცემისა გან აღადგინნა; და რომელნი იგი სახელისა მისისა თჳს მოისრნეს წმიდათა თანა შეჰრაცხნა; და ჩუენ მიერ ყოველი სოფელი განსწავლა. **15**. რამეთუ მან სისხლი თჳსი ჩუენ თჳს დასთხია და შვილად თჳსა[39] შემრაცხნა; და[40] რაჟამს მცნებანი მისნი არა[41] დავიმარხენით, მოაწია ჩუენ ზედა სწავლაჲ ესე. **16**. რამეთუ სული რომელი[42] აქა განისწავლოს, მან პოოს წყალობაჲ საუკუნესა; და ოდეს კაცი შუებასა შინა არნ, არა იღუწინ იგი[43] სულისა თჳსისა თჳს, არამედ ოდებ[44] არნ იგი, და არა მოიჴსენის[45] მან საუკუნოჲ იგი[46] საშჯელი[47]; და რომელნი ესრეთ ცხონდებიან, არიან იგინი ვითარცა[48] ცხოვარნი რომელთა[49] არა აქუნ[50] მწყემსი, და მედგრად[51] ცხორებითა მათითა განარისხიან ღმერთი. **17**. და ვითარ იხილა უფალმან საქმჱ ჩუენი, რამეთუ ბოროტად ვცხონდებოდეთ[52], ვითარცა აღჳრი სწავლისაჲ, ეგრე სახედ პირთა ჩუენთა აღჳრ ასხნა ამით სატანჯველითა, და თავჴედებაჲ[53] იგი[54] ჩუენი შემუსრა რათა სულნი ჩუენნი განარინნეს გუემასა მას მერმისასა. **18**. რამეთუ[55] ჩუენ თავით ჩუენით არა დავიმარხენით მცნებანი მისნი, და ამით ჯერ უჩნდა მოქცევაჲ ჩუენი

[35] მიგუცნა J — [36] -დ sup. lin. O — [37] ბილწებასა J — [38] -ვე om. T — [39] თჳსად J — [40] om. J — [41] არაჲ J — [42] რომელ T — [43] om. J — [44] უდებ JT — [45] -ნეს J — [46] om. J — [47] სასჯელი J — [48] om. J — [49] J add. იგი — [50] აქონ J — [51] მედგრათ Marr. — [52] J add. და — [53] თავხედობაჲ Marr, თავჴედებაჲ OJ — [54] om. T — [55] ხოლო JT

სინანულად, რათა მოვიჴსენოთ რასა იგი შინა ვიყვენით და გულისხმავყოთ ვითარ იგი ისმინოს ღმერთმან ჴმაჲ [56] ლოცვისა ჩუენისაჲ [57].

XII. **1**. ისმინეთ, ძმანო ჩემნო, და გითხრა თქუენ რაჲ იგი შეემთხჳა წმიდათა მათ დედათა. იყო იერუსალჱმს მონასტერი მთასა ზეთისხილთასა, რომელსა შინა იყოფოდეს [1] ქალწულნი წმიდანი რიცხჳთ ოთხასნი. **2**. და შევიდეს მტერნი იგი მონასტერსა მას და გამოიყვანნეს სძალნი იგი ქრისტესნი ვითარცა ტრედნი ბუდეთა გან მათთა, ნეტარნი იგი და ღირსად ცხორებულნი და ქალწულებითა უბიწონი. **3**. და ვითარცა წარმოიყვანნეს იგინი მონასტრით, იწყეს ვითარცა საცხოვართა აღჭრად [2] და განიყოფდეს მათ შორის და წარიყვანებდეს თითოეულსა [3] თჳსა [4] ადგილად. **4**. მაშინ საგლოველი საქმჱ იქმნებოდა, რამეთუ უნებლიაჲთ ქალწულთა მათ [5] ქრისტესთა შეაგინებდეს, და იძულებით ქალწულებასა მათსა განჰრყუნიდეს. **5**. და იყო სპარსთა მათ შორის ყრმაჲ ვინმე ჭაბუკი, და შეიპყრა ქალწული ერთი, და ლირბად და [6] ურცხჳნოდ შეგინებასა მისსა აზმნობდა და იძულებით მიითრევდა. **6**. მაშინ ჰრქუა მას ქალწულმან მან: « გევედრები [7] შენ, ჭაბუკო, რათა მომანიჭო მე ქალწულებაჲ ჩემი, და მე ვყო შენ თანა ნიჭი რომელი უფროჲს ყოველთა საფასეთა აღირჩიო; რამეთუ მიგცე შენ ზეთი რომელი გეყოს შენ საფარველ და მცველ ღუაწლთა [8] შინა ბრძოლისასა; და არა რაჲ წყლულებაჲ გეუფლოს შენ ოდეს იცხო იგი [9] ჴორცთა შენთა; და იყოს იგი შენდა უფროჲს საჭურველისა და ფარისა მცველ ღუაწლსა [10] შინა ბრძოლისასა ». **7**. და ვითარცა ესმა ესე [11] ყრმასა მას, დაუკჳრდა და ჰრქუა მას: « მომართუ მე ზეთი ესე და მე მიგანიჭო შენ ქალწულებაჲ შენი ». და ამას რაჲ ეტყოდა [12] ყრმაჲ იგი არა თუ

[56] om. J — [57] ჩემისაჲ J

XII. [1] იყოფვოდეს J — [2] აღიჭრად J — [3] თჳ- J — [4] თჳსად J — [5] om. J — [6] om. J — [7] შეგრდები J — [8] ღუაწლსა J — [9] om. J — [10] J add. მას — [11] om. J — [12] იტყოდა J

გულითა, არამედ ზაკუვით, რათამცა ზეთი იგი გამოსტყუვა[13] და მერმე ნებაჲ თჳსი[14] აღასრულა. **8**. ხოლო ქალწულმან მან, ვითარცა ზეთი იგი მოიღო[15] ჭურჭლითა, ჰრქუა ჭაბუკსა მას: «მიიღე ესე და იცხე[16] ქედსა შენსა, და მე ამით მახჳლითა გიხეთქნე და არაჲ გევნოს, რათა სცნა სიტყუათა ჩემთა ჭეშმარიტებაჲ». **9**. მიუგო ყრმამან მან და ჰრქუა მას: «არა, არამედ შენ[17] პირველად იცხე[18] ქედსა შენსა, და მე გიხეთქნე». **10**. ხოლო ქალწულმან მან განიხარა ფრიად, რამეთუ ეძიებდავე ამას, რათა არა კორცნი მისნი ბილწისა მის გან შეიგინნენ და ეშმაკთა გან მოიკიცხოს, არამედ[19] უნდა რათა კორცნი მისნი დაიკლნენ და მოკუდეს და არა სული მისი წარწყმდეს. **11**. და ყრმამან მანცა განიხარა ზეთისა მის შეძინებაჲ, და არა უწყოდა ⌈რაბამ არს[20] ზრახვაჲ მისი, რამეთუ სიკუდილი უფროჲს ცხორებისა აღურჩევიეს. **12**. მაშინ ქალწულმან მან მიიღო ზეთისა მის გან და იცხო ქედსა თჳსსა; და ვითარ იხილა ესე ყრმამან მან, ეგონა ვითარმედ ჭეშმარიტსა ეტყოდა ქალწული იგი; ხოლო საიდუმლოჲ იგი ვერ გულისხმაყო, რამეთუ ქრისტეს თჳს ჰყოფდა. **13**. და ვითარ იცხო ზეთი იგი, წარუპყრა ნეტარმან მან ქედი თჳსი მახჳლსა, რათა მოკუდეს მის თჳს რომელი იგი მის თჳს მოკუდა. **14**. მაშინ ყომამან მან იკადა მახჳლი თჳსი, და ჰგონებდა ვითარმედ არა ეუფლოს ქალწულსა მას ზეთისა მის ცხებითა; ამის თჳს ძლიერად სცა მას მახჳლითა მით. **15**. და ვითარ იხილა თავი ქალწულისაჲ მის მდებარე ქუეყანასა ზედა, მაშინღა გულისხმაყო რამეთუ მოიკიცხა იგი[21] ქალწულისა მის გან შეტყუვილით, და ფრიად მწუხარე იქმნა უკეთური იგი რამეთუ ნებაჲ თჳსი ვერ აღასრულა. **16**. არამედ, ძმანო ჩემნო, მივსცეთ ნეტარებაჲ ქალწულსა ამას[22] წმიდასა რომელმან აღირჩია საუკუნოჲ საწუთროჲსა[23]; მივსცეთ ნეტარებაჲ

[13] -ყუა J — [14] მისი J — [15] მოიღოიღო sic T — [16] იცხჱ O — [17] შენ post პირველად J — [18] იცხჱ O — [19] და J — [20] რაბამ არს J, რაბამი OT — [21] om. J — [22] მას T — [23] საწუთოროსა ამას J

სანატრელსა მას რომელმან ტყუვილი ესე განიზრახა, და ექმნა იგი მას განმარინებელ ბოროტისა გან და მომატყუებელ კეთილისა და გჳრგჳნისა, რამეთუ თავი თჳსი მოკლვად სცა [24] ქრისტეს წამებისა თჳს და რათა ქალწულებაჲ თჳსი დაჰმარხოს უბიწოდ. **17**. ისმინეთ ესე თქუენცა, ჵ დედანო, და მიემსგავსენით ქალწულსა მას მოღუაწესა და განაგდეთ ⌜თქუენ გან [25] სიყუარული ამის სოფლისაჲ, რამეთუ არა რაჲ არს დიდ წინაშე უფლისა ვითარ სიწმიდე კორცთაჲ, და კუალად არა რაჲ არს უბოროტეს წინაბე უფლისა ვითარ სიბილწე კორცთაჲ. **18**. და რომელი იგი შესცთეს სიძვასა განიზრახენ თავსა შინა თჳსსა ვითარმედ აღდგომაჲ ყოფად არს, და მართლმსაჯული განკითხვად დაჯდომად არს, და მის წინაშე დაფარულთა გამოცხადებაჲ ყოფად არს, და არა ვინ საწუთროსა [26] ამას შინა საუკუნოდ ცხორებად არს. **19**. და იხილეთ, ძმანო ჩემნო, რაჲ ესე ყო ქალწულმან ამან, რამეთუ მისცნა კორცნი თჳსნი სიკუდილსა [27] სიწმიდისა თჳს, და გჳრგჳნი მოღუაწებისაჲ მაცხოვრისა გან მიიღო. **20**. და მან არა ხოლო თავი თჳსი ოდენ აცხოვნა, არამედ ⌜მრავალნი სხუანი [28]; რამეთუ რაჟამს [29] იხილეს სხუათა მათ ქალწულთა სიმკნჱ იგი [30] მისი, იწყეს მათცა მიმსგავსებად საქმეთა მისთა, **21**. და მოისრვოდეს მტერთა მათ გან და სისხლთა მათთა ქრისტეს თჳს დასთხევდეს, და კორცთა მათთა შეგინებისა გან დაიცვიდეს, და სიკუდილსა მას წამებისასა დიდითა გულსმოდგინებითა მიისწრაფდეს, არა ხოლო მახჳლითა და წყლულებითა, არამედ შიმშილითა და წყურილითა და ჭირთა მრავალთა დათმენითა. **22**. ანუ არა მმარხველთა მათ და მოთმინეთა მონაზონთა დაიმკჳდრესა [31] ზეცისა სასუფეველი მოწამეთა თანა? ესრეთვე მრავალნი სულნი ქალაქსა ამას [32] შინა ⌜ქრისტეს თჳს [33] იწამნეს მრავალფერითა ღუაწლითა, და სასუფეველი დაიმკჳდრეს.

[24] მისცა J — [25] om. J — [26] საწუთოსა J — [27] სიკუდილად J — [28] სხუანიცა მრავალნი J — [29] J add. იგი — [30] om. J — [31] -ა om. J — [32] om. J — [33] ქრისტეს თჳს post იწამნეს J

23. მოიკსენეთ მაკაბელთაჲ მათ; ანუ არა შჯულისა დამარხვითა იქმნნეს[34] მოწამჱ და ქებულ იერუსალჱმელთა შორის? გინა ლაზარე გლახაკი იგი[35] დათმენითა მით ჭირისაჲთა[36] წიაღთა[37] აბრაჰამისთა შთაისუა ვითარცა მოღუაწე მრავალგუემული?

XIII. **1**. და აწ ისმინეთ, ძმანო ჩემნო, და გითხრა თქუენ. რამეთუ შემდგომად ყოვლისა ამის ბოროტისა შეიპყრეს მწყემსი იგი კეთილი ზაქარია მამათმთავარი, და შეიყვანეს იგი სიონდ[1] ბჭისა მის გან რომლისა გან შევიდა უფალი ჩუენი იესუ ქრისტე, და მიჰყვანდა იგი ვითარცა ავაზაკი განკრძალულად შეკრული საბლითა. **2**. ხოლო დაღათუ[2] შევიდა იგი სიონდ[3] მსგავსად ქრისტესა[4], არამედ არავე მის ებრ; რამეთუ ქრისტე შერაჲვიდოდა სიონდ[5], ჯდა იგი კარაულსა ზედა; ხოლო ამას მტერნი იგი მიითრევდეს; **3**. მას ყრმანი იგი უგალობდეს სიხარულით; ხოლო ამას სიმრავლე ერისაჲ ეგლოვდა ტირილით და არა თუ ყრმათა მათ ებრ იტყოდეს, რომელნი შეასხმიდეს ქრისტესა[6]: «კურთხეულ არს მომავალი სახელითა უფლისაჲთა[7]»; არამედ იგუემებოდა იგი კუერთხითა, ვითარ უფალსა სათნო უჩნდა; **4**. და მერმე არა თუ ღაღადებდეს იგინი: «ოსანა[8] მაღალთა შინა[9]», არამედ ვიდოდეს მის თანა გოდებით; არა თუ სამოსელსა მათსა დაუფენდეს[10], არამედ ცრემლითა ქუეყანასა დაალტობდეს; არა თუ რტოსა ბაიაჲსასა[11] მის წინაშე აღიღებდეს[12], არამედ მახჳლნი კდილნი გარემო მისა[13] ზარსცემდეს; არა თუ პირითა ჩჩჳლთაჲთა ქებაჲ დაემტკიცებოდა, არამედ ჩჩჳლნი და მშობელნი ერთბამად მოსწყდებოდეს; არა თუ პატივად ˹რაჲ მიჰყვანდა[14] იგი, არამედ გუემად და წყლულებად. **5**. ჵ ბჭენო სიონისანო, რავდენნი[15] ბოროტნი მოიწინეს[16] თქუენ ზედა! ჵ ბჭენო

[34] იქმნესა J — [35] იგი ante გლახაკი J — [36] ჭირთაჲთა J — [37] J add. შინა

XIII. [1] სიონად J — [2] დაღაცათუ J — [3] სიონად J — [4] ქრისტესსა J — [5] სიონად J — [6] J add. და იტყოდეს — [7] *Matth.*, XXI, 9 etc. — [8] ოსანასა J, -სა cancellato — [9] *Matth.*, XXI, 9 etc. — [10] *Matth.*, XXI, 8 etc. — [11] ბაჲაჲსასა J, ბაჲსასა T — [12] *Matth.*, XXI, 8 etc. — [13] მისსა J — [14] რაჲმე ჰყვანდა J, რაჲ მოჰყვანდა T — [15] რაოდენნი J — [16] მოიწივნეს J

სიონისანო, რავდენნი[17] მწყემსნი შემოსრულ არიან და გან-სრულ არიას თქუენ გან! **6**. ჯუარი იგი ქრისტეს თანა განვიდა პირველად, და აწ იგივე ჯუარი განვალს მწყემსისა თანა, ზაქარია პატრიაქისა თანა, ტყუეობად. ჵ სიონ, რავდენი[18] სიხარული და მწუხარებაჲ[19], განცხრომაჲ და გლოვაჲ გჳხილავს შენ შორის! **7**. მაშინ განიყვანეს მწყემსი იგი კეთილი, ვითარცა ქრისტე, სიონით ⌜რაჲ განვიდა[20] ჯუარად; ხოლო ზაქარია განვიდა იერუსალჱმისა ბჭეთა გან, ვითარცა ადამ სამოთხით. **8**. ქრისტე უფალი ჩუენი მოვიდა გოლგოთად, და ზაქარია განვიდა გოლგოთით. ქრისტე განვიდა და ეკიდა მას ჯუარი იგი; ზაქარია განვიდოდა და ეგლოვდა ჯუარისა[21] ტყუეობასა. **9**. ქრისტე განვიდოდა ვნებად სოფლისა ცხორებისა თჳს, და ზაქარია განვიდოდა ტყუეთა ცხორებისა თჳს. ადამ დაემკჳდრა წინაშე სამოთხესა მას, და ზაქარია დაემკჳდრა საყოფელთა კედარისათა[22]. **10**. მაშინ განვიდა ნეტარი ესე მწყემსი ერით ურთ[23] ბჭესა მას რომელსა ჰრქჳან პროპატიკისაჲ, რომლისა განცა შემოვიდა მაცხოვარი ვნებად; და დაჯდა იგი მთასა მას[24] ზეთისხილთასა, და ვითარცა სძალსა დაქურივებულსა, ეგრეთ ეგლოვდა იგი წმიდასა ეკლესიასა. **11**. მაშინ ყოველი იგი ერი წარმოდგა მის წინაშე, და ხედვიდეს[25] პირსა[26] მისსა მწუხარებითა დიდითა შემუსრვილსა; და მან მიჰხედა მათ და იხილა სამწყსოჲ თჳსი, რომელნი გოდებითა დაჴსნილნი და გლოვითა დაღონებულნი ⌜და ჭირისა მის გან შეიწრებულნი[27] ვიდრე სიკუდილდმდე მიწევნულ იყვნეს. **12**. მაშინ იწყო ნუგეშინისცემად მათა[28], რათამცა დააცხრო მცირედ სიმძაფრე იგი მწუხარებისა მათისაჲ; და ჰრქუა მათ მწუხარებითა და სულთქუმითა დიდითა: «ჵ შვილნო ჩემნო, ყოველივე აღსრუ-ლებულ არს რაჲ იგი განჩინებულ[29] იყო ჩუენ თჳს». **13**. ხოლო

[17] რაოდენნი J — [18] რაოდენი J — [19] J add. და — [20] განვიდა რაჲ J — [21] -ა sup. lin. O — [22] cfr *Ps.* CXIX, 5 — [23] თურთ J — [24] sup. lin. J — [25] დაცუივოდეს J — [26] J add. ზედა — [27] om. J — [28] მათდა J — [29] გან- om. J

მათ ვითარცა ესმა სიტყუაჲ იგი მის გან, იწყეს გოდებად და ტირილად და ისხნეს თავმოდრეკით მის წინაშე რათა დააცხროს მწუხარებაჲ გულისა მათისაჲ. **14**. მერმე აღიხილნეს თუალნი მათნი და მიხედეს[30] იერუსალჱმსა და წმიდათა ეკლესიათა, და ალი ვითარცა საკუმილისაჲ[31] აღვიდოდა[32] ღრუბთადმდე[33], და დაიწუებოდა იგი. **15**. მაშინ იწყეს ყოველთა ერთბამად გოდებად და ტირილად დიდითა კმითა ; რომელნიმე პირთა თჳსთა იცემდეს, და რომელნიმე ნაცარსა თავთა მათთა ისხმიდეს, და რომელნიმე მტუერითა პირთა მათთა შეისუარვიდეს, და რომელნიმე თმათა თჳსთა იფხურიდეს, ხედვიდეს რაჲ წმიდისა ადგომისა[34] დაწუვასა და სიონისა ალმურსა[35] და იერუსალჱმისა მოოჴრებასა[36] ; რომელნიმე იცემდეს მკერდთა მათთა, და რომელთამე აღეპყრნეს ჴელნი მათნი ზეცად და იტყოდეს : **16**. « შეგჳწყალენ[37], უფალო, და შეიწყალე ქალაქი სიწმიდისა შენისაჲ და მოხედენ[38] საკურთხეველთა შენთა ; ჵ უფალო, შეიწყალენ ეკლესიანი შენნი ; ჵ უფალო, დააცხრვე რისხვაჲ გულისწყრომისა შენისაჲ ; აღდეგ და შემეწიენ ჩუენ ; განიღჳძე, უფალო, და იხილენ მტერნი შენნი, ვითარ მხიარულ არიან[39] მოოჴრებასა და დარღუევასა საკურთხეველთა შენთასა. **17**. უფალო, ნუ დამივიწყებ ჩუენ სრულაიდ ; უფალო[40], მოიხილე[41] ჩუენდა[42] და შეგჳწყალენ ჩუენ, რამეთუ დამდაბლდა მიწადმდე[43] სული ჩუენი და ქუეყანად მიიწია მუცელი ჩუენი ; უფალო, მოიხილე ჩუენდა, რამეთუ სიხარული ჩუენი მწუხარებად მიცვალებულ არს, და მხიარულებაჲ ჩუენი გლოვად გარდაქცეულ არს, და დღესასწაულობაჲ ჩუენი ტყუეობად მიცვალებულ არს. **18**. უფალო[44], სიკუდილი უმჯობეს არს ჩუენდა ვიდრეღარა მონებასა მტერთასა. უფალო, ნუ გულისწყრომითა შენითა გუამხილებ

[30] მიჰხედეს J — [31] საკუმილი J — [32] J add. ვიდრე — [33] ღრუბელთადმდე J — [34] აღდგომისა J — [35] არმურსა J — [36] ოჴრებასა T — [37] J add. ჩუენ — [38] მოჰხედენ J — [39] om. J — [40] om. JT — [41] მილხინე T — [42] ჩუენ, T, ჩუენ ზედა J — [43] მიწამდე T — [44] om. J

ჩუენ, არამედ წყალობითა შენითა განმარინენ [45] ჩუენ ; უფალო, ნუ ცოდვათა ჩუენთა ებრ მიყოფ ჩუენ, ნუცა უშჯულოებათა ჩუენთა ებრ მომაგებ ჩუენ, არამედ სახიერებითა შენითა შემიწყალენ ჩუენ. **19**. შეგცოდეთ, უფალო, და მიმცენ ჩუენ სწავლასა ; და აწ მოწყალებითა შენითა მოიხილე ⌜ჩუენ ზედა [46] და შეგჳწყალენ ჩუენ ; ნუ სადა თქუან მტერთა ჩუენთა : სადა არს ღმერთი იგი მათი [47] ? გინა : სადა არს ჯუარი იგი შესავედრებელი მათი [48] ?». **20**. ამათ სიტყუათა და მსგავსთა ამათთა წარტყუენულნი იგი კრავნი ვედრებით უფლისა მიმართ იტყოდეს, იყვნეს რაჲ იგინი ზედა მთასა ზეთის-ხილთასა პირისპირ იერუსალჱმსა. **21**. და ვითარ იხილა ნეტარ-მან ზაქარია კრებული იგი ერისაჲ მის ესევითარსა შინა გოდებასა, განუყარა [49] მათ ჴელი რათა დასცხრენ გოდებისა მის გან, და მერმე აღაღო პირი თჳსი და ჰრქუა : **22**. «კუ-რთხეულ არს უფალი რომელმან მოაწია ჩუენ ზედა სწავლაჲ ესე. მოიჴსენეთ, შვილნო ჩემნო, დიდი იგი სულგრძელებაჲ მაცხოვარისაჲ და ვითარ მრავალი ვნებაჲ ჩუენ თჳს დაითმინა. ანუ არა ჩუენ გლახაკთა თჳს ტყუეობასა მიეცა [50] უფალი იგი დიდებისაჲ ჟამსა მას ვნებისასა ? ანუ არა ჯუარსა ზედა ჩუენისა ცხორებისა თჳს სიკუდილი თავსიდვა [51] და ნერწყუვაჲ პირისაჲ [52] დაითმინა ? **23**. და აწ ჩუენ თანა არს იგი გზავნასა ამას ჩუენსა ; ნუ მწუხარე ხართ, შვილნო ჩემნო, ნუცა გეშინინ, რამეთუ ქრისტე უფალი ჩუენი [53] ჩუენ თანა არს, და ჯუარი იგი მისი ჩუენ თანავე ტყუედ მიცემულ არს. **24**. ნუ ჰგოდებთ, შვილნო ჩემნო, ტყუეობისა თჳს, რამეთუ მეცა, ცოდვილი ზაქარია, მწყემსი თქუენი, თქუენ თანა [54] ვარ ტყუეობასა. **25**. არამედ გევედრები ყოველთა, ნუ იქმნებით საცინელ ეშმაკისა და ნუცა შეგიტყუვებს [55] საცთური იგი [56] მისი და ჰგმოთ უფალი ჟამსა ჭირისასა. **26**. აჰა ესერა ჯუარი მისი

[45] განგუარინენ J — [46] ჩუენდა J — [47] *Ioel* II, 17 — [48] sup. lin. O — [49] განუხარა J — [50] მიეცაა J — [51] თავსიდვაა JT — [52] პირისაჲ post დაითმინა J — [53] om. JT — [54] თანავე JT — [55] შეგიტყუჱბს J — [56] om. J

გუაქუს ჩუენ[57] საფარველად, და იგი ჩუენ თანა არს რომელი აღმაღლდა მას ზედა; ჩუენ თანა არს მწყემსი იგი ჭეშმარიტი რომელი მყოფ არს მაღალთა შინა; და მეცა, ცოდვილი მწყემსი თქუენი, თქუენ თანა ვარ; გუაქუს ჩუენ, შვილნო ჩემნო, კუერთხი იგი სამეუფოჲ; გუაქუს ჩუენ საჭურველი იგი[58] დაუძუელებელი[59]. **27**. და მე ვითარცა პავლე მოციქული გეტყჳ თქუენ რამეთუ: «აწ არს ჟამი იგი[60] ცხორებისაჲ[61]». აწ არს დღჱ იგი გამოჴსნისაჲ[62]; ესე არს დღჱ იგი სიხარულისაჲ[63], და ესე არს დღჱ იგი მოთმინებისაჲ, და რომელმან დაითმინოს იგი სრულიად ცხოვნდეს[64]; ესე არს დღჱ იგი[65] გჳრგჳნისაჲ; ⌜ესე არს დღჱ იგი რომელსა შინა განახუამს მეუფჱ ბჭეთა თჳსთა[66]; ესე არს დღჱ[67] იგი რომელსა შინა ცოდვანი[68] აღიჴოცებიან და სასუფეველი ცათაჲ განეღების და მართალნი შევლენან მას შინა[69]. **28**. აწ, შვილნო ჩემნო, მჴნედ და ძლიერად დავადგრეთ რათა არა ვიძლინეთ[70] და გმობასა შევცჳვეთ უფლისასა. **29**. ჵ შვილნო ჩემნო, ნუ შესძრწუნდებით, რამეთუ უფალი ჩუენი იესუ ქრისტე ჩუენ თანა არს და ⌜იგი ჰბრძავს ჩუენ წილ; ჩუენ თანა არს[71] ბევრეული დასი ანგელოზთაჲ; ჩუენ თანა არს გუნდი ქერობინთაჲ[72]; ჩუენ თანა არს კრებული სერაბინთაჲ[73]; ჩუენ თანა არიან წმიდანი მოციქულნი და წინაჲსწარმეტყუელნი; ჩუენ თანა არიან მოწამენი და ყოველნი მართალნი, და იგინი ჰბრძვანან მტერთა ჩუენთა და ევედრებიან უფალსა ჩუენ თჳს. **30**. ნუ იყოფინ გონებათა შინა თქუენთა ზრახვაჲ ბოროტი, არამედ ისწრაფეთ და იღუაწეთ ვიდრე კარისა მის დაჴშვადმდე; ისწრაფეთ მცნებათა მისთა აღსრულებად, რათა სიხარულსა მას განუქარვებელსა მიე-

[57] om. J — [58] om. J — [59] დაუძუვლებელი J — [60] om. T — [61] 2 *Cor.*, VI, 2 — [62] სიხარულისაჲ J — [63] გამოჴსნისაჲ J — [64] *Matth.*, X, 22 — [65] J add. სიხარულისაჲ და — [66] ესე არს - თჳსთა om. J — [67] მეუფე T — [68] J add. ჩუენნი — [69] cfr *Ps.* CXVII, 20 — [70] ვიძლივნეთ J — [71] იგი - არს om. J — [72] ქეროვიმთაჲ J; J add. და — [73] სერაფიმთაჲ J; ჩუენ თანა არს კრებული სარაბინთაჲ om. T

მთხჳნეთ [74], სადა იგი გონებაჲ არა იგლოვს და სული არა ჰუვის. **31**. გიხაროდენ, შვილნო ჩემნო, უფლისა მიერ, და ჭირი ესე მადლობით შეიწყნარეთ; მიიღეთ სწავლაჲ ესე მოხუცებულისა გან და უძლურისა მწყემსისა თქუენისა. **32**. მხიარულ იყვენით უფლისა მიმართ [75], ჵ საყუარელნო შვილნო და ტყუედ მიცემულნო, რამეთუ ჟამი სიხარულისაჲ არს, არა თუ საწუთროჲსაჲ წარმავალი, არამედ რომელი ჰგიეს საუკუნოდ; რამეთუ საწუთროჲ დაილევის და სიხარული მისი განქარდების, ხოლო უფლისა მიერი იგი სიხარული ჰგიეს ყოველსა ჟამსა. **33**. გულისხმაყავთ, შვილნო ჩემნო, რამეთუ უფალი მწე ჩუენდა არს, და რაჲ მიყოს ჩუენ კაცმან, ნუმცა განვეშორებით ჩუენ სიყუარულსა მას [76] ქრისტესსა, ნუ ჭირითა, ნუცა [77] იწროებითა, ნუ დევნითა, ნუცა სიყმილითა [78], რათა ჩუენცა მეტყუელისა მის თანა ვიტყოდით: ესე ყოველი მოიწია ჩუენ ზედა, და ჩუენ არავე [79] დაგივიწყეთ შენ [80]. **34**. ნუგეშინისეცით თავთა თქუენთა რათა მძლე ექმნნეთ [81] მტერთა თქუენთა; ნუმცა [82] ჰპოებს [83] უკეთური იგი ადგილსა თქუენ თანა, რათა არა თესლი მისი დასთესოს და წუხილითა შეაურვოს გულთა თქუენთა. **35**. ჭირი [84] მცირედ ჟამ არს, და განსუენებაჲ მიუკუნისამდე; ჟამი შემოკლებულ, და ნიჭი ფრიად მრავალ; სიკუდილი წამებისაჲ გჳრგჳნსა განჰმზადებს. **36**. ნუ მწუხარე ხართ, შვილნო ჩემნო, რამეთუ იყვენით თავისუფალ, და აწ მონებასა მიეცენით; სიმდიდრჱ და აზნაურებაჲ იყო თქუენდა საშუებელ, და [85] აწ მტერთა კელითა ტყუეობაჲ თქუენ გეუფლა; უწინარეს ამის დღისა ეკლესიად მიისწრაფდით, და აწ ესერა უცხოსა მას სოფელსა განწირულნი მიისხმით; უწინარეს ამის დღისა სამარტჳლოდ მიისწრაფდით, და აწ ვითარცა ცხოვარნი დაკლვად [86] მიისხმით. **37**. აჰა ესერა მწყემსმან მან კეთილმან და მსაჯულმან სიმართლისამან,

[74] მივემთხჳვნეთ J — [75] მიერ JT — [76] sup. lin. J — [77] ნუ J — [78] cfr *Rom.*, VIII, 35 — [79] არა J — [80] *Ps.* XLIII, 18 — [81] ექმნეთ J — [82] და ნუმცა J — [83] იპოებს J — [84] J add. იგი — [85] om. J — [86] კლვად JT

რომელმან მისცა სამწყსოჲ თჳსი ტყუეობასა, მეცა [87] აღმადგინა საყდართა მათ გან მწყემსთაჲსა და შემრთო მე სამწყსოსავე თჳსსა ; და იყავნ იგი კურთხეულ უკუნისამდე ; რამეთუ სამართალით ესე ყოველი მიყო ჩუენ, რამეთუ არა სათნოდ მისა [88] ვჰმწყსიდი [89] მე სამწყსოსა მისსა, და ამის თჳს მოიწია ყოველივე [90] ბოროტი ჩუენ ზედა. **38**. ვაჲ მე და მკცეთა [91] ჩემთა, რამეთუ დიდნი და საშინელნი საქმენი მიხილვან მე, ცოდვილსა ამას და საწყალობელსა ; რამეთუ კაცსა თუ ესხნიან ორნი შვილნი და იხილნის იგინი ჭირსა შინა, წუხნ იგი და შეიმუსრვინ მათ ზედა ; ხოლო მე, უძლურმან ამან, რაჲმე რაჲ [92] ვყო ესოდენისა [93] ამის ერისა თჳს რომელთა მამად მე წოდებულ ვარ [94] ? **39**. ანუ ვითარ ვიხილო მე ჭირი ესე უზომოჲ მოწევნული ამათ ზედა ? გევედრები შენ, უფალო, მიიღე სული ჩემი რათა არა ვიხილო ჭირი იგი მომავალი ერისა ამის [95] შენისაჲ ; რამეთუ შენ ხარ კურთხეულ უკუნისამდე ⌜და მერმეცა [96]. **40**. ჵ [97] შვილნო ჩემნო და მონანო ქრისტესნო, მოიკსენეთ სიტყუაჲ იგი უფლისაჲ და მის მიერ ნუგეშინისგეცეს, რამეთუ [98] თქუა : უკუეთუ მე მდევნეს, თქუენცა გდევნენ ; და არა არს მონაჲ უფროჲს უფლისა თჳსისა [99]. **41**. და აწ უკუეთუ მტერთა ამათ მე განმაძეს და თქუენ, იგინიცა განსხმად არიან სოფლისა ამის გან და სასუფეველისა განცა ცათაჲსა ; ⌜და უკუეთუ მტერთა ამათ მე მომიძულეს და თქუენ, იგინიცა მოძულებად არიან უფლისა მიერ [100] ; და უკუეთუ მტერთა ამათ მე მომკლან და თქუენ, იგინიცა მიცემად არიან სიკუდილსა უწყალოსა. **42**. არამედ, საყუარელნო, დაუთმეთ ამას ყოველსა, რათა მოთმინებითა თქუენითა მოიპოვნეთ სულნი თქუენნი [1] ; ნუ გეშინინ მათ გან რომელთა მოსწყჳდნენ კორცნი თქუენნი, ხოლო ვერ შემძლებელ არიან

[87] და მეცა J — [88] მისსა JT — [89] -იდე T — [90] -ვე om. J — [91] მკრცეთა J — [92] om. JT — [93] ესეოდენისა J — [94] ვიყავ J — [95] om. J — [96] om. JT — [97] om. Marr, habent JO — [98] om. J — [99] *Ioh.*, xv, 20 — [100] om. T — [1] *Luc.*, xxi, 19

მოკლვად სულისა [2]; და უწყოდეთ რამეთუ რომელმან დაითმინოს იგი სრულიად ცხონდეს [3]. **43**. შვილნო ჩემნო, ნუ მწუხარე ხართ სწავლასა უფლისასა, და ნუცა დაჰკსნდებით მის მიერსა მხილებასა; რამეთუ შვილი რომელი უყუარნ [4] უფალსა სწავლის [5] და ტანჯის; და დავით წინაჲსწარმეტყუელი იტყჳს : განმცადენ ჩუენ და გამომაკურვენ ჩუენ [6], ⌜და : ქუესკნელთა გან ქუეყანისათა აღმომიყვანენ ჩუენ [7]; და კუალად იტყჳს : სწავლით განმსწავლა მე უფალმან და სიკუდილსა არა მიმცა მე [8]; ხოლო სიკუდილსა სულისასა ვიტყჳ, და არა მიცემასა სიკუდილსა [9]. **44**. და ესრეთვე პავლე მოციქული იტყჳს : ვინმე არს შვილი რომელი არა სწავლის მამამან? და უკუეთუ შორს ხართ სწავლასა, მწირნი ვიდრემე ხართ და არა შვილნი [10]. და უფლისაცა კმაჲ [11] ისმინეთ რომელ თქუა : ვითარ იწრო არს ბჭჱ [12] და საჭირველ გზაჲ რომელი მიიყვანებს ცხორებად საუკუნოდ [13]. **45**. და აწ რაჲსა თჳს არა გზაჲ იგი იწროჲ მოვიპოვოთ [14] და ღუაწლსა ამას დაუთმოთ, რათა ცხორებაჲ საუკუნოჲ დავიმკჳდროთ? **46**. რამეთუ სამოსელი იგი სიწმიდისაჲ რომელი ნათლისღებასა შევიმოსეთ, შევამწიკულეთ იგი ცოდვითა და ბრალითა ჩუენითა; და აწ ესერა მოავლინა ღმერთმან ⌜ჩუენ ზედა [15] განმწმედელი ცოდვათა ჩუენთაჲ, და განრცხა მწიკული იგი ბრალთა ჩუენთაჲ მტერთა ჩუენთა მიერ ვითარცა კელითა მრცხელთაჲთა. **47**. რამეთუ სამოსელი დაბაყლებული განრცხითა და გამოწურვითა განსპეტაკნის [16]; ეგრეცა [17] სულისა იგი სიბილწე ვინმე განაბრწყინვოს თჳნიერ მწუხარებისა და ჭირისა და მეფეთა და მძლავრთა მიერ განკითხვისა? **48**. ვინმე მოიგის [18] საფასჱ თჳნიერ ჭირისა და შრომისა? ვინმე დასცის ახოვანი თჳნიერ ბრძოლისა? ვინმე მოიგის გჳრგჳნი თჳნიერ ღუაწლისა? არავინ

[2] *Matth.*, x, 28 — [3] ცხოვნდეს J; *Matth.*, x, 22 — [4] უყუარს JT — [5] J add. იგი — [6] *Ps.* LXV, 9 — [7] om. J; *Ps.* LXX, 20 — [8] *Ps.* CXVII, 18 — [9] სიკუდილისასა J — [10] *Hebr.*, XII, 7-8 — [11] კმა JT — [12] ბრჭე J — [13] *Matth.*, VII, 14 — [14] მოვიპოოთ JT — [15] om. J — [16] -ნეს T — [17] ეგრეთვე J — [18] მოიგოს J

არაოდეს. **49**. რამეთუ სადა განსუენებაჲ არს, მუნ არს მტერისა იგი საყოფელი; სადა შუებაჲ და განცხრომაჲ არს, მუნ ნაყოფი სულისაჲ არა ყუავის; ესე გულისხმაყავთ და მოსწრაფჱ იქმნენით დამარხვად მცნებათა უფლისათა გულთა შინა თქუენთა. **50**. და აწ აღამაღლეთ ჴმაჲ ღაღადებისა თქუ-ენისაჲ წინაშე უფლისა და ნუ დასცხრებით ლოცვისა გან, რათა გიჴსნეს თქუენ ჴელთა გან მტერთა თქუენთაჲსა. **51**. შეიწყნარეთ მწუხარებაჲ ესე ვითარცა შეიწყნარეთ სიხა-რული იგი; დაითმინეთ ღუაწლი, შვილნო ჩემნო, რათა ჰპოოთ უფალი; მან [19] მხოლომან მოაწია ესე [20] ჩუენ ზედა; შევიწყნა-როთ ესე მადლობით, რათა არა განრისხდეს [21] ჩუენ ზედა; დაუთმოთ სწავლასა მისსა, რათა წყალობით მოიხილოს ჩუენ ზედა. **52**. რამეთუ მან სწავლის, და ნუგეშინისსცის; წყლის, და კუალად განკურნის; გუემის, და მერმე განამტკიცის; განწმიდის ცოდვისა იგი გესლი ღუაწლითა, და მერმე გჳრგჳნი ზეცისაჲ მოღუაწეთა მათ განუმზადის წყალობითა თჳსითა; რამეთუ უფროჲს ქჳშისა ზღჳსა [22] არიან მოწყალებანი მისნი. **53**. და უკუეთუ ჯუარისმცუმელთა მათ თჳს ევედრებოდა მამასა თჳსსა და იტყოდა [23]: მამაო, მიუტევე ამათ ცოდვაჲ ესე [24], ვითარმე არა ჩუენ თჳს უფროჲს ყოს წყალობაჲ? **54**. დაღაცათუ არა ვართ ჩუენ მართალ, არამედ ვითარცა მონანი შეცოდებულნი შეუვრდეთ მას და მოვიქცეთ გზათა გან ჩუენთა ბოროტთა. **55**. მიმცნა ჩუენ სწავლასა და მხილებასა სამართლად, რათა მერმე [25] მომანიჭოს ჩუენ სასუფეველი თჳსი; მიმცნა ჩუენ მონებასა, რათა მომანიჭოს ჩუენ უფლებაჲ [26]; მიმცნა ჩუენ ჭირსა და მწუხარებასა, რათა მომანიჭოს ჩუენ განსუენებაჲ სასუფეველსა ცათასა; მიმცნა ჩუენ სიმძაფრესა [27] ამის ალისასა, რათა განმარინნეს ჩუენ ცეცხლსა [28] მას ჯო-

[19] და მან J — [20] JT add. ყოველი — [21] განრისხნეს JT ; J add. უფალი — [22] cfr. *Rom.*, IX, 27 etc. — [23] ეტყოდა JT — [24] *Luc.*, XXIII, 34 — [25] om. J — [26] მომცეს თავისუფლებაჲ J — [27] სიმძლაფრესა T — [28] ალსა J

ჯოხეთისასა. **56**. გუტანჯნეს ჩუეს აქა[29] სიცივითა და ყინელითა, რათა მუნ განმარინნეს ჩუენ[30] ღრჭენისა მის გან კბილთაჲსა ; მიმცნა ჩუენ აქა შესაჭმელად მკეცთა, რათა მუნ განმარინნეს ჩუენ მატლისა მის გან და ტარტაროზისა ; განმაშიშულნა ჩუენ აქა სამოსელთა გან და საფასეთა, რათა მომცეს ჩუენ მუნ სამოსელი იგი[31] უხრწნელი და საფასე დაულევნელი და სიმდიდრე განუქარვებელი და მომანიჭოს ჩუენ საშუებელი იგი[32] კეთილთა მათ საუკუნეთაჲ, რომელი თუალმან არა იხილა და ყურსა არა ესმა და გულსა კაცისასა არა მოუკდა[33]. **57**. აწ უკუჱ ვისწრაფოთ სარწმუნოებისა ჩუენისა დამარხვად და მცნებათა მისთა შედგომად, რათა მერმესა მას ცხორებასა მაცხოვრისა წინაშე ვიხარებდეთ და[34] კადნიერად ვჰრქუათ[35] მას : **58**. შენ თჳს, უფალო, დავითმინეთ შიმშილი და წყურილი, და მოიწია ჩუენ ზედა დევნულებაჲ და შიშულოებაჲ[36] და ტყუეობაჲ და სიკუდილი და ყოველი ბოროტი კელითა მტერთაჲთა[37] ; შენ თჳს სისხლნი ჩუენნი დავსთხიენით და[38] ⌈ნათლისღებაჲ დავიმარხეთ, და ნიჭი შენი აჰა ესერა ჰგიეს ჩუენ თანა[39] წმიდად და უბიწოდ ; და სიყუარული შენი და სარწმუნოებაჲ შენი დავიმარხეთ მიცემითა თავთა ჩუენთაჲთა, და ბეჭედი შენი დამარხულ არს ჩუენ თანა უვნებელად[40]. **59**. მაშინ, შვილნო ჩემნო, ნეტარ იყვნეთ თქუენ, რამეთუ დიდსა სიხარულსა და მხიარულებასა[41] მიემთხჳნეთ[42], რომელსა არა აქუნდეს აღსასრული ; მცირედი[43] გუემაჲ დაითმინეთ, და მრავალი კეთილი მოგემადლოს, რომელი ეგოს უკუნისამდე. **60**. ხოლო მტერნი იგი თქუენნი ვითარცა ცვლნი დადნებოდიან ჯოჯოხეთს[44] შინა ; რომელთა იგი ტანჯნეს კორცნი თქუენნი აქა, იყვნენ იგინი მუნ ღრჭენასა

[29] აქა post ყინელითა J, om. T — [30] om. J — [31] sup. lin. J — [32] om. T — [33] 1 *Cor.*, II, 9 — [34] om. J — [35] ვრქუათ JT — [36] შიშლოებაჲ J — [37] მტერისაჲთა T — [38] om. JT — [39] ნათლისღებაჲ – ჩუენ თანა bis scripsit J — [40] უვნებელად ჩუენ თანა J — [41] მოხარულებასა J — [42] მიემთხჳწნით J — [43] მცირედ J — [44] ჯოჯოხეთსა Marr, ჯოჯოხეთს OJT

შინა კბილთასა და სულთქუმასა, და იგლოვდენ იგინი ტირილითა დიდითა, და სირცხვლეულნი დაცვოდიან პირსა ზედა თჳსსა და ბნელსა მას გარესკნელსა მიისხმოდიან გუემითა დიდითა შეშინებულნი [45], და არა აქუნდეს მას ჟამსა სიტყჳსგებაჲ, არამედ შეძრწუნებულნი ზარისა მის გან განილეოდიან, რამეთუ ხედვიდენ საშინელთა მათ პირთა, და გულგდებულნი განკფდებოდიან. **61**. ხოლო ცოდვილნი იყვნენ ტანჯვასა შინა დიდსა და აყუედრებდეს მათ უფალი და ეტყოდის : ჵ საწყალობელნო და უკეთურნო, ანუ [46] არა მე თქუენ თჳს ზეცით გარდამოვჴკედა [47] და კორცნი შევიმოსენ [48] და მონათა მივემსგავსე და [49] ნერწყუვაჲ პირისაჲ დავითმინე და ყურიმლისცემაჲ და ყუედრებაჲ თავსვიდევ, და [50] ჯუარცუმაჲ და სიკუდილი შევიწყნარე, მეფემან ყოველთა დაბადებულთამან ? **62**. არა ნუ ჯერ იყოა თქუენდა რათამცა მსგავს ჩემდა იქმნენით ? არამედ უვარმყავთ მე ; ამის თჳს მეცა უვარგყვნე თქუენ ; წარვედით ჩემ გან, დაწყეულნო, ცეცხლსა აგზებულსა თქუენ თჳს და ეშმაკისა თჳს ⌜და გუნდთა მისთა თჳს [51]. **63**. მას ჟამსა, შვილნო ჩემნო, არღარა არს სინანული და არცა შეწირვაჲ ცრემლთაჲ ; და ამის თჳს გიწამებ თქუენ დღეს წინაშე ქრისტესსა [52] და წინაშე რჩეულთა ანგელოზთა მისთა [53], რათა სწავლაჲ ესე ჩემი მიიღოთ და მცნებაჲ უფლისაჲ დაიმარხოთ ; და უბრალო ვარ მე განკითხვისა გან თქუენ ყოველთაჲსა. **64**. ჵ შვილნო ქრისტესნო, დაადგერით მტკიცედ ვიდრე სისხლთა თქუენთა [54] დათხევამდე [55] ქრისტეს თჳს, რათა არა შესცჳვეთ სიბილწესა მტერთასა ; დაითმინეთ მის თჳს, ვითარ იგი მან დაითმინა ჩუენ თჳს. **65**. რამეთუ ეშმაკი დგას და განსცდის გულთა თქუენთა, რათა პოვოს მოცალებაჲ და დასთესოს თესლი მისი [56] თქუენ შორის და მზაკუვარებაჲ უკეთურებისა თჳსისაჲ, და გეტყოდის : **66**. ჵ ქრისტეანენო,

[45] შეშთობილნი J, შეგინებულნი T — [46] om. JT — [47] გარდამოვკედა JT — [48] შევიმოსენაა sic J — [49] om. J — [50] om. J — [51] om. T — [52] ქესსა J, ქა OT — [53] მისთა ante ანგელოზთა J — [54] om. T — [55] დათხევადმდე J — [56] თჳსი J

რაჲსა შესცთებით და აცთუნებთ თავთა თქუენთა? რამეთუ ქრისტესა დაუტევებიეთ[57] და უგულებელსუყოფიეთ. რაჲსა ცუდად არს სასოებაჲ თქუენი მისა[58] მიმართ? **67**. რამეთუ მოძულებულ ხართ თქუენ მის მიერ, და რამეთუ ხართ თქუენ მისა[59] მტერ და არა მეგობარ, რამეთუ შესწია მტერთა თქუენთა და განაძლიერნა იგინი უფროჲს თქუენსა და განგაშიშულნა თქუენ საჭურველისა გან მისისა და განგძარცუა[60] თქუენ გან საფარველი მისი. **68**. და ამის ყოვლისა შემდგომად რაჲღა სასოებაჲ გაქუს გინა რასაღა მოელით მის გან? რამეთუ განუწირავთ და ამიერითგან[61] არღარა ხართ თქუენ მისა[62] ერად, და არცა გმწყსის თქუენ და გიძღჳს; რამეთუ საძაგელ ხართ თქუენ მის წინაშე; და ამის თჳს მიგცნა თქუენ ჴელთა მტერთა თქუენთასა სატანჯველად; იგინი შეკრბეს, და თქუენ განიბნიენით; და აწ რაჲსა დაშურებით[63]? **69**. რამეთუ ცუდ არს ლოცვაჲ ეგე თქუენი და ცუდ არს მარხვაჲ თქუენი და ტირილი და გოდებაჲ თქუენი; რამეთუ არღარა ისმენს იგი თქუენსა[64]. **70**. ამათ სიტყუათა გეტყოდის[65] თქუენ ბოროტი იგი მტერი[66] ეშმაკი, რათამცა განდრიკა გული თქუენი უფლისა გან. აწ ისმინეთ, ქრისტეს მოყუარენო შვილნო ჩემნო, და ისწავეთ რაჲ სიტყუაჲ მიუგოთ, და განეკრძალენით[67], და განემზადენით პასუხისა მიცემად, რათა არა გპოვნეს თქუენ შიშუელნი და წარგტყუენნეს[68]; იხილეთ რაჲ იგი ჰრქუათ მას[69], და სირცხჳლეული ივლტოდის თქუენ გან. **71**. არქუთ მას: რაჲ არს ჩუენი და შენი, ჵ მოძულებულო ღმრთისა გან და ზეცით გარდამოგდებულო? რაჲ არს ჩუენი და შენი, ჵ განკდილო და განძებულო[70] უფლისა მიერ? რაჲ არს ჩუენი და შენი, ჵ ბოროტო და უკეთურო მონაო, რომელმან არა დაიმარხე სამთავროჲ შენი და განიდევნე ანგელოზთა გან და

[57] დაუტეობიეთ J — [58] მისსა J — [59] მისს J — [60] განგძუარცა J — [61] om. JT — [62] მისსა J — [63] დაჰშურებით J — [64] J add. ამის ყოვლისა შემდგომად — [65] გუჱტყოდის J — [66] om. JT — [67] განეკრძალნეთ J — [68] წარგტყუჱნ sic J — [69] corr. ex მათ J — [70] განძევებულო Marr, განძებულო JO

იქმენ სატანა ? **72**. შენ თავი შენი წარიწყმიდე უკეთურებითა შენითა [71], და გნებავს მორწმუნეთაცა წარწყმედაჲ. რაჲ არს შენი და ქრისტეანეთაჲ, ჵ ჯოჯოხეთო ბნელისაო და უფსკრულო ქუესკნელისაო ? რაჲ არს შენი და შვილთა ნათლისათაჲ, ჵ ბილწო და შეგინებულო ? **73**. განგუეშორე ჩუენ გან, და განჴედინ სიცბილი შენი გულისა გან ჩუენისა ; წარვედ და იფრდიდ უკეთურებათა შენთა, რამეთუ ქრისტე უფალი ჩუენი განგჴდის და დიდებული სახელი მისი განგაძებს [72] ; გჳცნობიეს მედგრობაჲ შენი და მზაკუვარებაჲ ; განგუეშორე ჩუენ გან, ჵ მოშურნეო მზაკუვარო ბოროტო. **74**. რამეთუ ღმერთმან ზეცით გარდამოგაგდო შენ, და ჩუენ აღმირჩინა [73], და უმჯობეს შენსა მყვნა მან მხოლომან რომელსა აქუს ჴელმწიფებაჲ შენ ზედა და ჩუენ ყოველთა ზედა. **75**. მისა [74] მიმართ ვცოდეთ და მისა [75] მამართ არს სინანული და ვედრებაჲ ჩუენი, რათა დააცხრვოს რისხვაჲ მისი ჩუენ გან. რამეთუ ჴორცი მისი მაქუს [76] ჩუენ საჭმლად, და სისხლი მისი მაქუს [77] ჩუენ სასუმლად ; იგი ვითარცა ღმერთი და მამაჲ მსწავლის ჩუენ, და არა ჰნებავს სიკუდილი ჩუენი, არამედ მოქცევაჲ და ცხორებაჲ [78]. **76**. ხოლო შენ წარვედ ცეცხლსა მას საუკუნესა რომელი იგი განმზადებულ არს შენ თჳს და ანგელოზთა შენთა თჳს [79] და რომელნი კუალთა შენთა შეუდგან».

XIV. **1**. ესე სიტყუანი წარმოთქუნა ნეტარმან ზაქარია ერისა მიმართ მთასა მას ზედა წმიდასა ზეთისხილთასა ; და ვითარცა დაასრულნა სიტყუანი იგი, ესმა მას ძგერაჲ და ჴმაჲ ერისაჲ ; მიხედა [1] და იხილა სიმრავლე სპარსთაჲ მომავალი, რომელთა ეგულებოდა წარყვანებაჲ მათი ტყუედ სპარსეთად. **2**. და ვითარცა გულისხმაყო ვითარმედ განეშორების იგი წმიდასა მას [2] ქალაქსა, ჰრქუა ⌜კრებულსა მას ყოველსა [3] სიტყუაჲ იგი

[71] om. J — [72] განგფდიკებს J — [73] აღმირჩივნა J — [74] მისსა J — [75] მისსა J — [76] გუაქუს J — [77] გუაქუს J — [78] *Ezech.*, XVIII, 23 ; XXXIII, 11 — [79] *Matth.*, XXV, 41

XIV. [1] მიჰხედა J — [2] sup. lin. J — [3] ყოველსა მას კრებულსა J

რომელი ჰრქუა ქრისტემან მოწაფეთა თჳსთა ჟამსა მას ვნებისასა : **3**. « ჵ შვილნო ჩემნო, აღდეგით და წარვიდეთ [4], რამეთუ მოწევნულ არს ჟამი და მოახლებულ არს დღჱ იგი მწუხარებისაჲ [5], და რამეთუ კორცნი ჩუენნი მტერთა ჩუენთა თანა წარვიდენ, ხოლო გულნი ჩუენნი ქრისტეს თანა ეგნენ». **4**. მაშინ მოიქცა იგი აღმოსავალით კერძო, ილოცვიდა და თქუა : «კურთხეულ არს ღმერთი, კურთხეულ არს ღმერთი [6], კურთხეულ არს ღმერთი ყოვლად ყოველსა ზედა». **5**. და მერმე მოიქცა სიონით კერძო, და ვითარცა სძალსა დაქურივე-ბულსა სიძჱ იგი ზაქარია მამათმთავარი ეგრე ეგლოვდა ცრემლითა დიდითა და კელთა თჳსთა აღიპყრობდა მისა [7] მიმართ და იტყოდა სიტყუათა საგლოველთა და საწყალობელთა რომელნი [8] ვითარცა მახჳლნი განეწონებოდეს გულთა და შეჰმუსრვიდეს სულთა [9]; **6**. და [10] ჰრქუა : «მშჳდობაჲ შენდა, სიონ, სძალო ქრისტესო ; მშჳდობაჲ შენდა, იერუსალჱმ, ქალაქო წმიდაო ; ⌈მშჳდობაჲ შენდა, წმიდაო [11] აღდგომაო, უფლისა მიერ განათლებულო ; მშჳდობაჲ შენდა, დიდებულო ქუეყანაო უფროჲს ყოველთა ქუეყანათა, მშჳდობაჲ შენდა ; დაგიცევინ შენ ქრისტემან მშჳდობით, რომელმან გამოგირჩია შენ ; **7**. მშჳ-დობაჲ [12] შენდა, სიონ, უკანაჲსკნელი მშჳდობაჲ და დასასრული მოკითხვაჲ ჩემი შენდა მიმართ [13] ; და რომელი მეღა სასოებაჲ მაქუნდეს და დღეთა სიგრძე რათა შეღავსძინო [14] მერმე კუალად ხილვაჲ შენი ? **8**. დიდებაჲ მისა [15] რომელმან ინება განშორებაჲ ჩემი შენ გან ; და ამიერითგან არღარა გიხილო შენ. **9**. მშჳდობაჲ შენდა, წმიდაო აღდგომაო ; მშჳდობაჲ შენდა, სიონ, ნათელო სოფლისაო, რამეთუ ცხორებაჲ თქუენ შორის სუფევდა და სული წმიდაჲ თქუენ ზედა გარდამოკდა და აჴარა მშჳდობაჲ სოფელსა, და დღეს მიეცენით წყევასა ;

[4] წარვედით J — [5] მწუხარებისა ჩუენისაჲ J ; cfr *Matth.*, XXVI, 45, 18 — [6] უფალი T — [7] მისსა J — [8] მისსა მიმართ და J — [9] სულითა OT — [10] მაშინ J — [11] om. T — [12] და მშჳდობაჲ J — [13] მომართ J — [14] შეღავევსძინო J — [15] მისსა J

თქუენ ზედა მაცხოვარებაჲ გამოჩნდა, და დღეს რისხვაჲ გარდამოჴდა. **10**. ამის თჳსცა სიტყუასა იერემია წინაჲსწარმეტყუელისასა ვიტყჳ, რამეთუ ვხედავ მოოჴრებასა თქუენსა[16]. ჵ ზღუდენო იერუსალჱმისანო, ტიროდეთ ჩემ ზედა, და მე ვგოდებდე თქუენ ზედა ; არამედ უფალმან, რომლისაჲ დიდებულ არს სახელი მისი, აღთქუმისა ებრ აღგაშენენ შენ და გარდამოჴედინ შენ ზედა მშჳდობაჲ. **11**. არამედ რაჲღა სარგებელ არს ჩემდა, უძლურისა ამის და მოხუცებულისა ? რამეთუ არღარა ვიხილო მე ამიერითგან პირი შუენიერებისა შენისაჲ. **12**. ხოლო გევედრები შენ რათა მომიჴსენო მე, ცოდვილი ესე, ოდეს მოვიდეს მეუფჱ იგი შენი, უფალი და მაცხოვარი ჩუენი იესუ ქოისტე ; გევედრები შენ, ნუ დამივიწყებ მსახურსა შენსა, რათა არა დაგივიწყოს შენ დამბადებელმან შენმან ; და უკუეთუ მე დაგივიწყო შენ, იერუსალჱმ, დამივიწყენ მეცა[17] მარჯუენემან შენმან ; აექუნ[18] ენაჲ ჩემი სასასა ჩემსა, უკუეთუ არა მოგიჴსენო შენ[19]. **13**. მშჳდობაჲ შენდა, სიონ, რომელი ეგე ⸢ოდესმე იყავ[20] ქალაქ ჩემდა ; აწ უცხო ვიქმენ შენ გან ; თაყუანისგცემ შენ, წმიდაო ადგომაო, და თაყუანისვსცემ მას რომელი იგი არს შენ შორის ; მშჳდობაჲ შენდა, სიონ, რამეთუ დღეს განგეშორები შენ გან და არღარა გიხილო შენ უკუნისამდე. **14**. ვაჲ მე, უბადრუკსა ამას და ცოდვილსა ; რომელთა დღეთა მოვიწიე. ჵ სიკუდილო, ვითარ განმეშორე ჩემ გან ? ანუ რომელსა ადგილსა წარხუედ და დაიმალე და არა მიიღე სული ჩემი, რათა არა ვიხილო ჭირი ესე და მწუხარებაჲ კრავთა ამათ ქრისტესთაჲ და სიკუდილი სავსე სიმწარითა ? **15**. წყლულებაჲ უმჯობეს არს ვიდრეღა განშორებასა შენსა, იერუსალჱმ ; გუემაჲ და სიკუდილი უმჯობეს არს ვიდრეღა დატევებასა შენსა, სძალო ქრისტესო სიონ და ყოვლად დიდებულო იერუსალჱმ. **16**. გევედრები შენ, უფალო, მიიღე სული ჩემი და გარეწარმჴადე სასუმელი

[16] *Ier.*, LI, 22 ? — [17] om. J — [18] აექჳნ J — [19] *Ps.* CXXXVI, 5-6 — [20] იყავ ოდესმე J

ესე სიმწარისაჲ[21], რათა არა ვიხილო სიკუდილი და მოსრვაჲ სამწყსოთა შენთაჲ. **17**. ჵ დედაო ჩემო, რაჲსა თჳს მშევ მე მწუხარებისა თჳს და ჭირისა? ჵ სიონ, რაჲსა განმზარდე მე სიყრმით ჩემით გან, და დღეს განმიშორე შენ გან? და აწ მართლისა მის თანა ვიტყჳ: რადმე არა მუნვე საშოსა დედისასა მოვკუედი?[22] **18**. და რაჲსა თჳს მე არა მოვიკალ შვილთა მათ თანა ქრისტესთა? და აწმცა დამიძინებიეს და დაყუდებულ ვარ; დამცამიძინებიეს ძილი საუკუნოჲ და განმისუენებიეს. ნუ დაივიწყებ ჴმასა შვილთა შენთასა, სიონ, არამედ მოგჳკსენენ ჩუენ, ოდეს მოგიკსენოს შენ ქრისტემან». **19**. ამათ სიტყუათა იტყოდა ნეტარი ზაქარია, მწყემსი იგი კეთილი, დგა რაჲ იგი და ხედვიდა იერუსალჱმსა. და ვინმე შეუძლოს მითხრობად, საყუარელნო ძმანო, რასა იგი ტირილით იტყოდა? ანუ ვინ აღრაცხოს სიმრავლე იგი ცრემლთა მისთაჲ რომელსა გოდებით დასთხევდა განშორებისა თჳს სიონისა და წმიდისა ადგომისა?

XV. **1**. მას ჟამსა მოიწინეს სპარსნი წარყვანებად მათა; ხოლო ქრისტეანეთა, ვითარცა იხილნეს იგინი მომავალად, ენება რათამცა უთხრეს ნეტარსა ზაქარიას; და ვითარ იხილეს იგი გოდებასა შინა და ტირილსა, ვეღარა შეუძლეს უწყებად მისა, არამედ აღიძრნეს იგინიცა გოდებად და ტირილად და ვერ შეუძლეს სიტყუასა აღმოთქუმად. **2**. მაშინ მტერნი იგი შეერინეს[1] შორის კრებულსა მას ვითარცა მჴეცნი ცხოვართა და წარასხმიდეს მათ ვითარცა კრავთა კლვად; და შეიპყრეს ნეტარი ზაქარია და წარიყვანეს იგი. **3**. ხოლო მართალი იგი არა დასცხრებოდა ტირილისა გან და გოდებისა და წუსწუთ[2] გარეუკუმოიხილის[3] და იტყჳნ: «მშჳდობაჲ შენდა, იერუსალჱმ». და მიერითგან არღარა იხილა იგი, არამედ თქუა: **4**. «მშჳდობაჲ შენდა, ქალაქო წმიდაო; ნუ დამივიწყებ მსახურსა შენსა, რამეთუ შენ უწყი სიყუარული ჩემი შენდა მიმართ

[21] cfr *Marc.*, XIV, 36 — [22] *Iob*, X, 18

XV. [1] შეერივნეს JT — [2] წუთ წუთ JT — [3] -უკმო- JT

და წადიერად სწრაფაჲ მსახურებისა ჩემისაჲ; და ამის თჳს გევედრები რათა მომიჴსენო მე და ერი ესე, რაჟამს ევედრებოდი შენ ქრისტესა. **5**. მშჳდობაჲ შენდა, სიონ; მშჳდობაჲ შენდა, იერუსალჱმ; მშჳდობაჲ შენდა, წმიდაო აღგომაო; მშჳდობაჲ შენდა, წმიდაო გოლგოთაო; მშჳდობაჲ თქუენდა, ყოველთა წმიდათა ეკლესიათა და ქრისტეს საყდართა; იყავნ მშჳდობაჲ მისი თქუენ თანა და ჩუენ განწირულთა თანა ყოველსა ჟამსა. ამენ». და ყოველმან ერმან თქუა: «ამენ, იყავი». **6**. და გარდამოვიდეს იგინი მთისა მის გან ზეთისხილთაჲსა იერიქოჲთ კერძოსა გზასა მას რომელი შთააც[4] იორდანედ. **7**. მას ჟამსა, ძმანო ჩემნო საყუარელნო, დიდი მწუხარებაჲ და მიუთხრობელი გლოვაჲ დაეცემოდა ყოველთა ქრისტეანეთა ყოვლისა სოფლისათა, ვითარ ქალაქი იგი გამორჩეული და სახელოანი და სამეუფოჲ მიეცა ოკრებასა, ვითარ წმიდანი იგი ადგილნი და ყოველთა მორწმუნეთა შესავედრებელნი მიეცნეს დაწუვასა, და ერი იგი ქრისტეანეთაჲ მიეცა ტყუეობასა და სიკუდილსა. **8**. მაშინ მამანი სტიროდეს შვილთა თჳსთა და შვილნი სტიროდეს მშობელთა თჳსთა; მაშინ მეგობარნი ეგლოვდეს მეგობართა[5] და მეცნიერნი მეცნიერთა თჳსთა; და ყოველნი მორწმუნენი განბნეულ იყვნეს და განშორებულ ურთიერთას ვითარცა საცხოვარნი კლვადნი მტერთა მიერ, ცოლი ქმრისა გან და მამაჲ შვილისა გან და ძმაჲ ძმისა[6] გან და დაჲ დისა გან.

XVI. **1**. და ვითარ გზასა მას ტყუეობისასა ერთობით მივიდოდეს, იყო[1] ერსა მას შორის კაცი ვინმე წმიდაჲ იერუსალჱმელი, სახელით ევსებიოს; და იყო იგი დიაკონი წმიდისა აღგომისაჲ. **2**. ამას ესხნეს ორნი ასულნი; ერთი იყო რვისა წლისაჲ, და მეორე ათისაჲ; და იყვნეს იგინი ქმნულკეთილ ფრიად. **3**. და შეიპყრნა იგინი ⌜დიდმან ვინმე სპარსთა განმან[2]; და ვითარ იხილნა იგინი ხატითა მით ⌜და

[4] შთავალს J — [5] J add. თჳსთა — [6] დისა J

XVI. [1] J add. ვინმე — [2] სპარსმან ვინმე დიდმან J

ქმნულკეთილობითა [3], შეიყუარნა იგინი ფრიად; და ჰლიქნიდა მათ და ევედრებოდა რათა თაყუანისსცენ [4] ცეცხლსა და უვარყონ [5] ქრისტე. **4**. ხოლო მამაჲ მათი ევსებიოს დიაკონი იყო მახლობელად მათსა; ასწავებდა მათ [6] და ევედრებოდა რათა არა უვარყონ ქრისტე უფალი; ხოლო უკეთური იგი მოგჳ აყენებდა მათ მსახურებად უფლისა. **5**. არამედ ისმინეთ, საყუარელნო, გონებითა თქუენითა ვითარი მოთმინებაჲ მოიპოვეს ყრმათა მათ, და მიეცით დიდებაჲ ღმერთსა. **6**. რამეთუ მტერმან მან [7] მოიყვანნა ქალნი იგი და დაადგინნა პირისპირ მისა, და ბრძანა აღგზნებაჲ ცეცხლისა დიდისაჲ, და იწყო ლიქნად მათა [8] რათა თაყუანისსცენ ცეცხლსა მას. **7**. და კეთილი იგი მამაჲ მათი [9] ხედვიდა [10] მათ და კელითა უჩუენებდა ცათა მყოფსა მას და ეტყოდა: «ნუ, შვილნო ჩემნო, ნუ იქმთ საქმესა მაგას, და ნუცა შეიწყნარებთ სიტყუასა მაგის ბილწისასა». **8**. ხოლო მოგჳ იგი უკეთური აიძულებდა მათ, და მამაჲ მათი ასწავებდა მათ სიტყჳთა ტკბილითა სიტყუასა წიგნისასა; რამეთუ იყვნეს იგინი სწავლულ და შეურყეველ. **9**. მაშინ განრისხნა ბოროტი იგი სასტიკად, და იკადა მახჳლი თჳსი ქალთა მათ ზედა. **10**. ხოლო უხუცესი იგი იყო წინარე მდგომარე პირველად, და მამაჲ მისი ეტყოდა მას: «ნუ გეშინინ, შვილო ჩემო, განძლიერდი ქრისტეს მიერ და მკნე იყავ; აღიხილენ [11] თუალნი შენნი ზეცად და იხილე უფალი იგი დიდებისაჲ, რამეთუ აჰა ესერა იგი მოსრულ არს ბევრეულითა ანგელოზითა შემწედ შენდა; შეიკრენ კელნი შენნი მის თჳს რომელი იგი შენ თჳს შეიკრა, და დაუთმე სიკუდილსა რამეთუ მან შენ თჳს სიკუდილი დაითმინა და ლახურითა გუმერაჲ გუერდსა მისსა შეიწყნარა». **11**. და ვითარ ესმა ესე ყრმასა მას, დგა იგი წინაშე ბილწისა მის, და არა შეძრწუნდა მახჳლისა გან, ვითარ იგი ამცნო მას მამამან

[3] ქმნულკეთილობისაჲთა J — [4] თაყუანისცენ T — [5] უვარონ J — [6] T add. ეტყოდა — [7] om. J — [8] მათდა J — [9] sup. lin. J — [10] ჰხედვიდა J — [11] -ღი- sup. lin. O

მისმან ; ხოლო უკეთურმან მან სცა მახჳლითა მით ძლიერად ნეტარსა მას ყრმასა და მოკლა იგი ; და თმენითა სიკუდილისაჲთა იქმნა იგი ქრისტეს მოწამე, და მოიღო გჳრგჳნი მოღუაწებისაჲ ყოველთა მაცხოვარისა გან. **12**. ისმინეთ, ძმანო ჩემნო, რაჲ იგი ყო მეორემან მან ყრმამან, დამან ნეტარისა მის მოწამისამან, და ვითარი სიმკნჱ მოიპოვა. **13**. რამეთუ ბოროტმან მან შეიპყრა იგი და წარმოადგინა, და ჰმოგუნიდა მას ლიქნით და ოდესმე შინებით, რათამცა უვარყო უფალი და თაყუანისსცა ცეცხლსა მას ; და ჰგონებდა იგი ვითარმედ [12] მუნთქუესვე ერჩდეს მას შიშისა მის გან და ზარისა რომელი იხილა დისა თჳსისა ზედა. **14**. არამედ მოღუაწებითა ღმრთისაჲთა არა აღესრულა ნებაჲ მოგჳსაჲ მის ; რამეთუ მამაჲ იგი მისი ევედრებოდა მას და ეტყოდა : «ნუ გეშინინ, შვილო ჩემო, და ნუცა შესძრწუნდები ; დაუთმე მახჳლსა [13] რათა იქმნე მსხუერპლ ქრისტესა და სიქადულ ჩემ, გლახაკისა მამისა შენისა; დაითმინე მცირედ, შვილო ჩემო, რათა მიეწიფო [14] დასა შენსა და მის თანა სასძლოსა მას ზეცისასა დაემკჳდრო წინაშე სიძისა მის უკუდავისა; და მეცა, უძლური ესე, მოსწრაფე ვარ, რათა თქუენ ორთავე მიგდევდე». **15**. და ვითარ იხილა ბილწმან მან რამეთუ ყრმაჲ იგი სწავლასა მას მამისასა ერჩის [15] და არა მას, აღიპყრა მახჳლი თჳსი, სცა მას და მოკლა იგიცა. **16**. ხოლო მამამან მათმან, ვითარცა იხილა რამეთუ შვილნი იგი მისნი მოსწყდეს ქრისტეს თჳს და მოღუაწებაჲ მათი აღასრულეს, აღიპყრნა კელნი თჳსნი ზეცად და ჰმადლობდა ღმერთსა რომელმან ღირს ყვნა იგინი სიკუდილსა მას წამებისასა; და აღივსო იგი სიხარულითა და თანა მწუხარებითა, სიხარულითა ამის თჳს რამეთუ ასულნი იგი მისნი [16] მიუპყრნა ⸢შესაწირავად ღმერთსა [17] და მსხუერპლად სიმართლისა, ხოლო მწუხარებითა ამის თჳს რამეთუ დაშთა იგი შემდგომად მათსა და განეშორა შვილთა გან თჳსთა.

[12] om. J — [13] მახჳლს JT — [14] მიეწიო T — [15] ერჩის J — [16] თჳსნი J — [17] ღმერთსა შესაწირავად J

17. მაშინ იწყო ყუედრებად მოგჳსა მის, არცხუენდა მას და ეტყოდა : «ჵ საწყალობელო და უბადრუკო, რაჲ არს ძალი შენი ანუ სიმჴნჱ აღჭურვისა შენისაჲ? ნუ იქადი რამეთუ მოსწყჳდენ ჩჩჳლნი ყრმანი, არამედ უფროჲსღა იძლიე და სირცხჳლი დაიმკჳდრე მათ მიერ, ვინაჲთგან ვერ აღესრულა ნებაჲ შენი ბოროტი; არამედ უკუეთუ ნანდჳლ ჭეშმარიტსა იტყჳ, იწყე ჩემდაცა საარებად და იძულებად რათა თაყუანის-ჳსცე ცეცხლსა ამას». **18**. და ვითარცა ესმა ესე მოგჳსა მას, აღივსო გულისწყრომითა დიდითა; აღდგა და კბილთა თჳსთა იღრჭენდა მის ზედა ვითარცა მჴეცი; და იწყო ქვითა ცემად კბილთა მისთა. **19**. და ვითარ ფრიად სცა მას და შემუსრა პირი მისი, დაშურა იგი და ბრძანა რათა აღაგზნან ცეცხლი დიდძალი; და ვითარ აღაგზნეს ცეცხლი იგი, შეკრეს კაცი იგი ღმრთისაჲ ევსებიოს დიაკონი და შეაგდეს იგი [18] ცეცხლსა მას **20**. ხოლო ნეტარი იგი აღესრულა შემკული ღუაწლითა მოწამებისაჲთა [19] და იქმნა მღდელ ჭეშმარიტების საქმეთა მათ გან კეთილთა რომელნი მოეგნეს სიყრმით მისით გან. **21**. ხოლო თქუენ, მსმენელნო, მიემსგავსენით დიაკონსა მას სათნოსა და მეორესა [20] აბრაჰამსა; რამეთუ პირველმან მან აბრაჰამ შეწირა ძჱ თჳსი ისაკი მსხუერპლად, ხოლო ამან მეორემან აბრაჰამ შეწირნა ასულნი თჳსნი მსხუერპლად უფლისა; მაშინ აბრაჰამ შეწირა ისაკი გონებითა, ხოლო ამან საქმითა აღასრულა შეწირვაჲ იგი; მან ძჱ ხოლო თჳსი შეწირა, ხოლო ამან თავი თჳსი შვილთა [21] თანა შეწირა მსხუერპლად უფლისა. **22**. ვინ სადა, ვინ ჰურიათა განი ესრეთ მოსწრაფე იქმნა, რათა მოკუდეს უფლისა თჳს, ვითარ ესე დღეს ბევრეულნი და ათასეულნი სწრაფით მირბიოდეს სიკუდილსა მას წამებისასა ქრისტეს თჳს? **23**. იგინი რბიოდეს ქრისტეს ჯუარცუმისა თჳს; ხოლო ესენი შვილთა თჳსთა ქრისტეს თჳს სიკუდილსა [22] მისცემდეს, და ერთბამად მამანი და დედანი, ჭაბუკნი და

[18] sup. lin. J — [19] მო- sup. lin. J — [20] J add. მას — [21] J add. თჳსთა — [22] სიკუდილად J, om. T .

ყრმანი თავთა თჳსთა არა ჰრიდებდეს, არამედ სიხარულით შეიწყნარებდეს სიკუდილსა ვითარცა ცხორებასა.

XVII. **1**. და კუალად სხუაჲცა [1] საქმჱ სატირელი იხილეს თუალთა ჩემთა. რამეთუ იყვნეს ორნი ვინმე ყრმანი კორციელად ძმანი და მარჩბივად შობილნი ერთსა შინა ჟამსა, და ესენი ტყუე იქმნნეს [2] წმიდით ქალაქით. **2**. და საქმჱ განსაკჳრვებელი გუესმა მათ თჳს რომელსა [3] მშობელნი და მახლობელნი იტყოდეს მათ თჳს, ვითარმედ დიდი სიყუარული იყო ყრმათა მათ შორის, ვიდრემდის ⌜ურთიერთას განშორებასა [4] ჟამ [5] ერთცა [6] ვერ შეუძლებდეს [7], რამეთუ ერთსა შინა დღესა იყო შობაჲ მათი და ერთსა შინა დღესა ნათლისღებაჲ მათი, და ერთად დედაჲ მათი ზრდიდა მათ, და ერთი იყო სარეცელი მათი; და ერთმან მათ განმან არა მიიღის ძუძუჲ უკუეთუ მეორემან არა მიიღის, და არცა უწინარეს ძმისა თჳსისა ჭამის რაჲმე, და არცა თითოეულსა [8] მათ განსა უჩნდა სამოსელი თჳსაგან [9], არამედ ზოგად იყო ყოველივე მათი, საზრდელი და სამოსელი [10]; და ვერ შეუძლებდა თითოეული [11] მათი ვითარმცა ჟამ ერთცა [12] განეშორა ძმასა თჳსსა სიყუარულისა მის გან. და ამას ყოველსა საწყალობელი იგი დედაჲ მათი ცრემლით და გოდებით გჳთხრობდა ჩუენ. **3**. და ვითარ აღიზარდნეს ყრმანი იგი და იქმნნეს [13] ათის წლის, იგივე სიყუარული იყო მათ შორის და იყვნეს იგინი შეერთებულ ურთიერთას [14] ვითარცა ერთი სული განყოფილი ორთა შინა [15] გუამთა; და უკუეთუ ერთი მათ განი ტირნ, მეორეცა იგი ტირნ; ⌜და უკუეთუ ერთი მათ განი იცინინ, მეორეცა იგი იცინინ [16]; და იყო მათ შორის სიყუარული რომელსა ვერვინ შემძლებელ არს მითხრობად. **4**. არამედ ისმინეთ რაჲ იგი შეემთხჳა მათ, და გოდებდით მათ თჳს; და ვინმე არა

XVII. [1] om. T — [2] იქმნეს JT — [3] რომელთა JT — [4] განშორებასა უთრიერთარს JT — [5] წამ J — [6] ერთ J — [7] შემძლებელ იყუნეს J — [8] თჳ- J — [9] თჳსსაგან J — [10] J add. მათი — [11] თჳ- J — [12] ერთმცა T — [13] იქმნეს J — [14] -არს J — [15] post გუამთა JT — [16] om. J

ტიროდის და ვინმე არა წუხდეს, რაჟამს ესმას საქმჱ მათი? **5**. რამეთუ ოდეს იქმნნეს ყრმანი იგი ათერთმეტის წლის, მოიწია რისხვაჲ იგი საშინელი და წარიტყუენნეს შუენიერნი ესე კრავნი, და განაშორნეს ურთიერთას[17] ვითარცა მართუენი ტრედისანი; და არა ხოლო ერთიერთსა განაშორეს[18], არამედ მშობელთაცა პირნი არღარა[19] იხილნეს. **6**. ხოლო რაჟამს განეშორებოდეს ურთიერთას[20], საქმჱ საგლოველი იხილვებოდა მათ შორის; რამეთუ ძმაჲ ძმასა მოხუეულ იყო და სისხლისა ცრემლი დასდიოდა თუალთა მათთა. **7**. მაშინ მტერნი იგი ბოროტნი იძულებით ⌜და უნებლიაჲთ[21] განაშორებდეს მათ; და ვითარ ერთი ერთსა შეეკრძალა და არა განეშორებოდეს, მაშინ უკეთურთა მათ იწყეს ცემად მათა[22] და უნებლიაჲთ განჭრნეს იგინი. **8**. ხოლო მათ აღუტევეს ჴმაჲ ღაღადებისაჲ ტირილითა დიდითა და გოდებითა მრავლითა, ვიდრემდის ქუეყანაჲცა ეგლოვდა მათ. **9**. ხოლო სპარსთა მათ წარიტაცნეს იგინი, ერთი აღმოსავალით კერძო და ერთი დასავალით, და მშჳდობისა დატევებად არღარა უტევნეს განშორებასა მათსა; და იქმნეს მსგავს იოსებისა[23], რომელი იგი განეშორა მამასა თჳსსა და ძმათა. **10**. და შემდგომად ამისა[24] კუალად განახლდა მწუხარებაჲ იგი მათი, რომელ დაშრეტილ იყო; რამეთუ იხილა ძმამან ძმაჲ თჳსი წამ ერთ სლვასა შინა შემდგომად დღეთა მრავალთა. **11**. და ვინმე ჰგონებდა შეკრებასა მათსა, რამეთუ, ცოცხლივ, ვითარცა მკუდარნი დავიწყებულ იყვნეს? **12**. და გზასა მას ტყუეობისასა, ვითარცა საფლავით გამოსრულნი, მიმოდაიხედვიდეს მარჯუნ და მარცხნ, რათამცა სამე იხილა ძმამან ძმაჲ თჳსი. **13**. არამედ ვინაჲ შესაძლებელ იყო ესე? რამეთუ არა ერთსა გზასა მიჰყვანდეს იგინი, და არცაღა იყვნეს მკჳრცხლმავალ, არამედ სხდეს იგინი ცხენთა ზედა, და სწრაფით ავლინებდეს მათ, და ვერ ეგებოდა დგომით მოკითხვაჲ მათი ურთიერთას. **14**. და ვითარ იყვნეს იგინი

[17] -არს J — [18] განაშორნეს J — [19] არღარავე J — [20] -არს J — [21] om. T — [22] მათდა J — [23] იოსებისსა J — [24] ამისსა J

ცხენთა ზედა მსხდომარე და ჰყვანდეს იგინი მტერთა მათ, მიხედა [25] ერთმან მათ განმან ძმასა თჳსსა; და ვითარ იცნა იგი, აღიმაღლა ჴმაჲ თჳსი და იწყო ჴმობად მისა [26] ტირილითა დიდითა და ეტყოდა : «გაფუცებ შენ, ყრმაო, სახელსა უფლისასა [27] იესუ ქრისტესსა, რათა მითხრა მე უკუეთუ ხარ შენ იერუსალჱმელი წმიდისა მის ქალაქისაჲ და ძე იოანე წარჩინებულისაჲ». **15**. მიუგო მეორემან მან და ჰრქუა მას ტირილით: «მე ვარ ძე იოანესი იერუსალჱმელისაჲ და ძმაჲ შენი». **16**. მაშინ ორთავე აღიმაღლეს ჴმაჲ მათი ტირილითა დიდითა, და ერთიერთსა უკუღმართ იხედვიდეს [28], და პირთა მათთა იცემდეს, და ღაღადებდეს საწყალობელითა ჴმითა. **17**. და ვერ შეუძლეს მოკითხვაჲ თავთა მათთაჲ ურთიერთას [29], რამეთუ უფალნი მათნი აყენებდეს დადგომად გინა გარდასლვად საკედართა გან, არამედ სწრაფითა დიდითა [30] და სრბით ცხენთა მათთა ავლინებდეს. **18**. მაშინ, ძმანო [31] ჩემნო [32], ქვანიცა უსულონი ჴმასცემდეს და ტიროდეს გოდებასა მათსა ზედა; რამეთუ ერთი იგი ძმაჲ ერთსა მას უჴმობდა მრჩობლითა ტირილითა [33] და ეტყოდა : «გევედრები შენ, ძმაო ჩემო, მგებდ მე [34] მცირედ, რათა გიხილო შენ და ნუგეშინისვიცე [35] ჭირთა გან ჩემთა; მომელოდე მე კნინ ერთი; გაფუცებ [36] ძესა ღმრთისასა მოიჴსენე ძუძუჲ იგი რომელსა ⌜ერთად ვწოვდით [37], და მგებდრე, რათა ვიხილო პირი შენი და ამბორსგიყო და მოგიკითხო და მერმე წარხვდე მშჳდობით». **19**. მიუგო მეორემან [38] მან ძმამან და ჰრქუა : «ვინაჲ შემძლებელ ვარ მე, ძმაო ჩემო, მოლოდებად შენდა ? რამეთუ ხედვითცა არა მიფლიეს [39] ხილვაჲ შენი, და სიტყჳსაცა მიგებად არა მიტევებენ მე, და არა მაქუს მე ჴელმწიფებაჲ დგომისაჲ გებად [40] შენდა; რამეთუ არღარა ვარ მე თავისუფალ, არამედ მონა.

[25] მიჰხედა J — [26] მისსა J — [27] -სა sup. lin. O ; J add. ჩუენისა — [28] ხედვიდეს J — [29] -არს J — [30] om. J — [31] შვილნო J — [32] om. T — [33] -ლი- infra lin. altera manu O — [34] om. J — [35] -ს- sup. lin. O — [36] J add. შენ — [37] ვწოვდით ერთად J — [38] მეორედმან J — [39] მიფლობიეს JT — [40] მიგებად J

20. წარვედ, ძმაო ჩემო, წარვედ; და უფალმან ნუგეშინისეცინ სულსა შენსა, და უფალმან მოეცინ მოთმინებაჲ გულსა შენსა, და მეცა მომეცინ; რამეთუ ამიერითგან არღარა ვიხილო პირი შენი; განმეშორე მე პირველად, და აწ გიხილე წამ ერთ; ხოლო ამიერითგან განგეშორო საუკუნოდ, რომელი ფრიად უმწარეს არს პირველისა. **21**. არამედ ვესავ იესუ [41] ქრისტესა, ძესა ღმრთისასა, რათა გიხილო შენ დღესა მას საუკუნესა და ნუგეშინისვიცე. მშჳდობაჲ შენდა, ძმაო ჩემო საყუარელო, მშჳდობაჲ შენდა; უფალი იყავნ შენ თანა, რომელი იგი შემძლებელ არს შეკრებად ჩუენდა, და მას მხოლოსა უფლიეს რათა მიჩუენოს მე პირი შენი; რამეთუ ფრიად მოწყალე არს იგი». **22**. ამათ სიტყუათა ეტყოდა ერთი იგი ძმაჲ მეროესა მას ტირილითა დიდითა, და მერმე განეშორა მას, და მიეფარა თუალთა გან მისთა, და არღარა იხილა იგი; და მიუთხრობელი მწუხარებაჲ აქუნდა გულთა მათთა და მრჩობლი ტკივილი, რამეთუ ოდეს ჰგონებდეს რათამცა განძღეს სიყუარულითა ძმობისაჲთა ურთიერთას [42], მაშინ განეშორნეს საუკუნოდ დაწყლულნი გონებითა.

XVIII. **1**. ესე სიტყუანი ვიდრე აქამომდე მიგითხრენ, რაჲ იგი იქმნა იერუსალჱმს შინა და გზასა მას ტყუეობისასა. ხოლო ამიერითგან გაუწყო თქუენ ვითარ იყო შესლვაჲ ჩუენი სპარსეთად, და რაბამი მწუხარებაჲ დაეცა შვილთა ღმრთისათა და განახლდა მწუხარებაჲ, ტკივილი და გლოვაჲ მათი. **2**. რამეთუ უწინარეს შესლვისა ჩუენისა ბაბილონდ [1] შემაყენნეს ჩუენ ადგილსა ერთსა მოზღუდვილსა, ფრიად ვრცელსა; და მერმე მოიღეს ჯუარი იგი ქრისტესი, ძელი ცხორებისა ჩუენისაჲ, და დადვეს ზღურბლსა ზედა მის ბჭისასა რომელი შევიდოდა მოზღუდვილსა მას. **3**. მაშინ მოვიდეს მტერნი იგი ბოროტნი და იწყეს შეპყრობად მორწმუნეთა, ვითარცა კრავთა ბაკისა გან გამოიყვანებდეს სწრაფითა დიდითა და იტყოდეს: « და-

[41] om. J — [42] -არს J

XVIII. [1] ბაბილოვნად J

თრგუნეთ ჯუარი ესე თქუენი რომელსა ესავთ; უკუეთუ არა, მოგწყჳდნეთ და მივსცნეთ კორცნი თქუენნი შესაჭმელად ძაღლთა». **4**. ჵ ძმანო ჩემნო [2], ვითარი მწუხარებაჲ მოიწია ჩუენ ზედა! რამეთუ რომელი სიტყუასა მათსა დაემორჩილებოდა და ჯუარსა მას საუფლოსა ფერჴითა დასთრგუნვიდა, მოკუდებოდა იგი [3] სულითა საუკუნოდ; და რომელი არა დაემორჩილებოდა შრძანებასა მათსა, მოიკლვოდა იგი მახჳლითა [4] კორციელად და ცხონდებოდა იგი სულითა საუკუნოდ. **5**. და ესრეთ ჳყოფდეს უღმრთონი იგი და უწყალონი [5]; რამეთუ დგეს იგინი ბჭეთა [6] ზედა და მახჳლი კდილი კელთა მათთა, და მოჳსრვიდეს მორწმუნეთა უფლისათა. **6**. ხოლო უვარისმყოფელთა მათ აცხოვნებდეს, არამედ არა მრავალნი დაემორჩილნეს ⌜სიტყუასა მას [7] უღმრთოებისა მათისასა ვითარმცა განვლეს ბჭჱ იგი, და შეურაცხყვეს ჯუარი იგი ქრისტესი უვარისყოფით, არამედ მცირედნი და უსუსურნი გონებითა. **7**. ხოლო უმრავლესი ერისაჲ მის მოსწყდებოდა [8] ქოისტეს თჳს და აღირჩევდეს სიკუდილსა ⌜ვიდრეღა არა [9] ჯუარისა მისსა [10] ფერჴითა დატკებნასა; და მამანი და დედანი მკნდებოდეს და მოწამე უფლისა იქმნებოდეს, რამეთუ სადა განმრავლდიან სატანჯველნი, მუნ უფროჲსად გარდაემატის განსუენებაჲ მოღუაწებითა. **8**. მაშინ, ძმანო ჩემნო [11], დიდი გლოვაჲ და უზომოჲ ტკივილი ჩუენ ყოველთა ზედა მოიწეოდა. რამეთუ მიწევნასა მას ჩუენსა ბაბილოვნად არა თუ მდინარესა მას ზედა ბაბილოვნისასა [12] მიმიყვანნეს ჩუეს, არამედ მდინარესა მას სპარსეთისასა; და არა თუ საბანელსა მას განსაწმედელსა მიმცნეს ჩუენ, არამედ მდინარესა მას სისხლისასა შემთხინეს [13] ჩუენ; და არა თუ მეფისა ქრისტეანისა, არამედ სპარსთა მეფისა წინაშე წარმადგინნეს ჩუენ, რომელსა ერქუა ხუასრო; არა თუ სამებისა წმიდისა აღმსაარებელთა [14] თანა

[2] om. J — [3] om. J — [4] om. J — [5] J add. იგი — [6] ბრჭეთა J — [7] om. J — [8] -ს- sup. lin. O — [9] ვ(იდრ)ეღარა J — [10] მის J — [11] om. J — [12] cfr *Ps.* cxxxvi, 1 — [13] შემთხჳნეს J — [14] აღ- sup. lin. J

მივიწიენით, არამედ სამებისა წმიდისა უვარისმყოფელთა თანა შევირაცხენით ცოდვითა ჩუენითა. **9**. ხოლო ნეტარი ზაქარია პატრიაქი, ვითარცა მოიწია ბჭეთა მათ თანა, მოეკსენა მას ტყუეობაჲ იგი ძეთა ისრაჱლისათაჲ და თქუა : «კურთხეულ არს უფალი რომელმან ყოველივე რომელი იყო დღეთა მათ პირველთა და ერისა მის ისრაჱლისათა და ჟამთა მათცა მოსესთა მოაწია ესე ჩუენ ზედაცა». **10**. მაშინ ევედრა კაცი იგი ღმრთისაჲ სპარსთა მათ რათა განუტევონ ერი იგი ჟამ ერთ და დააცხრვონ ტანჯვაჲ მათი; და ვითარცა ყვეს ესე, ბრძანა ნეტარმან მან რათა შეკრბენ ყოველნი მღდელნი და დიაკონნი და მონაზონნი; და ვითარცა შეკრბეს იგინი, დადგა იგიცა შორის მათსა და თაყუანისსცა აღმოსავალით კერძო, და ყოველთა ერთობით თაყუანისსცეს უფალსა. **11**. და ვითარცა აღემართნეს ლოცვისა მის გან, ბრძანა წმიდამან მან რათა წართქუნენ სამნი ფსალმუნნი დავითისნი გალობით : პირველი ფსალმუნი ასდამეცხრამეტე : «ჭირსა ჩემსა უფლისა მიმართ ღაღადვყავ [15] და ისმინა ჩემი» [16]; და მეორე ფსალმუნი ასდამეოცჱ : «აღვიხილენ თუალნი ჩემნი მთათა ვინაჲ მოვიდეს შეწევნაჲ ჩემი» [17]; და მესამე ფსალმუნი ასდამეჩჳდმეტჱ : «ჭირსა ჩემსა ვხადე უფალსა; ისმინა ჩემი და გამომიყვანა მე ფართოდ» [18]; და იყო ფსალმუნებაჲ მათი ტირილითა დიდითა და გოდებითა მრავლითა, და თითოეული [19] მათი მწუხარებით იტყოდა თითოეულსა [20] ფსალმუნსა. **12**. იწყო ნეტარმან ზაქარია ფსალმუნებად და იტყოდა : «ვაჲ მე, რამეთუ განმიგრძდა მე მწირობაჲ ჩემი და დავემკჳდრე მე მყოფთა [21] თანა კედარისათა» [22]; და სხუანი ვინმე იტყოდეს : «მიეწიფნეს ფერკნი ჩემნი დადგრომად ეზოთა შენთა, იერუსალჱმ» [23]; და სხუანი იტყოდეს : «რაჟამს მოაქცია უფალმან ტყუჱ სიონისაჲ

[15] ვღ(ა)ღ(ა)ტყ(ა)ვ J — [16] *Ps.* CXVII, 1 — [17] ჩუენი J ; *Ps.* CXX, 1 — [18] *Ps.* CXVII, 5 — [19] თჳ- J — [20] თჳ- J — [21] საყოფელთა J — [22] *Ps.* CXIX, 5 — [23] *Ps.* CXXI, 2

და [24] ვიყვენით [25] ჩუენ ნუგეშინისცემულ, მაშინ აღივსო სიხარულითა პირი ჩუენი და ენაჲ ჩუენი გალობითა» [26]. **13**. და ვითარცა აღასრულეს ფსალმუნებაჲ ესე, აღვიდა ნეტარი ზაქარია ადგილსა უმაღლესსარე და თქუა ალილუიაჲ რომელი მზისა აღმოსლვისა ჟამსა თქუან მონაზონთა; ესე თქუა ორგზის ⸢დასდებლით ურთ [27]; და ყოველმან ერმან ღაღადყო [28] მსგავსად მისა [29]. **14**. და მერმე იწყო ღაღადებად ჴმითა მწუხარებისაჲთა, და ტირილით [30] ეტყოდა ერსა მას; ხოლო მათ ვითარცა იხილეს გოდებაჲ [31] იგი პატრიაქისაჲ, იწყეს მათცა ღაღადებად გოდებითა დიდითა. **15**. მაშინ ნეტარმან მან მიყო ჴელი მისი მდინარით კერძო და იტყოდა : «მდინარეთა ზედა ბაბილოვნისათა მუნ დავსხედით და ვტიროდეთ რაჟამს მოვიჴსენეთ ჩუენ სიონი; უკუეთუ დაგივიწყო [32] შენ, იერუსალჱმ, დამივიწყენ მეცა მარჯუენემან შენმან» [33]. **16**. და ვითარცა ესე თქუა, აღიძრა ერი იგი გოდებად და ვერღარა თქუეს ალილუიაჲ იგი მეორე, არამედ დაღონებით მოიდრიკეს თავი მათი ქუეყანად; ხოლო მწყემსი იგი კეთილი წმიდაჲ ზაქარია ევედრებოდა ქრისტესა ცრემლით და სულთქუმით. **17**. და ვითარ ერი იგი მრავალ ჟამ [34] თავმოდრეკით ევედრებოდა უფალსა, მაშინ ბრძანა რათა შეკრიბნენ ჩჩვლნი ყრმანი შჳდით წლით განნი და უმრწამეს [35] მათსა; და იყო რიცხჳ მათი სამათას; ხოლო მტერთა მათ არა დააბრკოლნეს შეკრებად მათა, არამედ ხედვიდეს თუ რაჲძი ყონ. **18**. და ვითარ შეკრიბეს სიმრავლე იგი ყრმათაჲ, დადგა ნეტარი ზაქარია აღმოსავალით კერძო განშორებულადრე ერისა მის გან, და დაადგინნა ყრმანი იგი წინაშე მისსა [36] და ერი იგი უკუანა კერძო მისა [37], და უბრძანა ყოველთა რათა ღაღადებდენ უფლისა მიმართ ჴმითა მაღლითა და იტყოდიან : «ჷ უფალო

[24] om. J — [25] ვიქმნენით J — [26] *Ps.* cxxv, 1-2 — [27] დასდებელით თურთ J — [28] ღაღატყო J — [29] მისსა J — [30] -ითა J — [31] -ბა J — [32] -ოთ J — [33] *Ps.* cxxxvi, 1, 5 — [34] om. J — [35] უმრწემეს T — [36] მისსა JOT, მისა Marr. — [37] მისს J

მოწყალეო, შეგჳწყალენ». **19**. ხოლო პატრიაქმან აღიხილნა თუალნი თჳსნი ზეცად და აღიპყრნა ჴელნი თჳსნი[38] და იტყოდა : «უფალო, არა მაქუს ჩუენ კადნიერებაჲ წინაშე შენსა სიმრავლითა ცოდვათა ჩუენთაჲთა; რამეთუ ბაგენი ჩუენნი შეგინებულ არიან, და ჴელნი ჩუენნი შებღალულ არიან, და სულნი ჩუენნი და ენანი ჩუენნი[39] არა წმიდა არიან, და ბრალნი და ცოდვანი ჩუენნი დამძიმებულ არიან ჩუენ ზედა; და არა მაქუს ჩუენ სიტყჳსგებაჲ წინაშე შენსა ვედრებად შენდა. **20**. არამედ აწ, უფალო, შეიწირე ღაღადებაჲ ჩჩჳლთა ამათ და უბიწოთა ყრმათაჲ, და შეიწირე ვედრებაჲ მათი რომელნი წინაშე შენსა დგანან და ითხოვენ წყალობასა შენ გან; მიითუალე თხოვაჲ მათი და ჩუენ ყოველნი შეგჳწყალენ, და ნუ იხილავ ცოდვათა ჩუენთა პირველთა, რამეთუ დღეს გულნი ჩუენნი წმიდა არიან, და გესავთ შენ; ნუ გარემიიქცევ პირსა შენსა ჩჩჳლთა ამათ გან. **21**. მოიჴსენე, უფალო, დარღუევაჲ ეკლესიათა შენთაჲ ; მოიჴსენე, უფალო, მოოჴრებაჲ სიონისაჲ; იხილე[40], უფალო, რასა ესე[41] იქმან ჯუარისა შენისა მიმართ და ვითარ შეურაცხებით დასთრგუნვენ ფერჴითა მათითა, და ჩუენცა მორწმუნეთა შენთა[42] მაიძულებენ ყოფად საქმისა მათისა. მოიჴსენე, უფალო, წმიდაჲ ადგომაჲ და ქალაქი იგი სიწმიდისა შენისაჲ. **22**. მოიჴსენე, უფალო, სიტყუაჲ იგი რომელ არქუ მოწაფეთა შენთა, ვითარმედ : არა დაგიტევნე თქუენ ობლად[43]; და კუალად, უფალო, სთქუ : აჰა ესერა მე თქუენ თანა ვარ ყოველთა დღეთა და ვიდრე უკუნისამდე[44]. **23**. შენ მხოლოჲ მოწყალე ხარ, უფალო, და შემნდობელ ცოდვათა; ნუ დამშჯი[45], მონათა შენთა, და ნუ მომაგებ ცოდვათა ჩუენთა ებრ; რამეთუ ფრიად განგარისხეთ შენ; შეიწირე, უფალო, ვედრებაჲ ერისა შენისაჲ; აჰა ესერა ტყუეობასა მიცემულ ვართ, უფალო, და ვდგათ წინაშე მტერთა ჩუენთა; ⌜შენ ხარ, უფალო, მწჲ ჭირვეულთაჲ[46]; შენ ხარ,

[38] J add. ზეცად — [39] om. J — [40] მოიჴსენე J — [41] ეგე T — [42] om. J — [43] *Ioh.*, XIV, 8 — [44] *Matth.*, XXVIII, 20 — [45] დამსჯი J — [46] om. J

უფალო, ნუგეშინისმცემელი განწირულთაჲ [47] და შემწყნარებელი მოსავთა შენთაჲ». **24**. ამათ სიტყუათა ვედრებისათა მწყემსი იგი კეთილი უფლისა მიმართ იტყოდა; და ვითარ ჩჩჳლნი იგი იტყოდეს კირიელეჲსონსა, მაშინ ჩუეს ყოველნი ვევედრებოდეთ უფალსა [48] შიშით და ძრწოლით. **25**. რამეთუ [49] სიტყუაჲ იგი მოიწია სასმენელთა ჩუენთა, რომელსა განიზრახვიდა [50] ჩუენ თჳს უშჯულოჲ [51] იგი მეფჱ [52], რათამცა მიზიარნა უშჯულოებასა [53] თჳსსა; და ამის თჳს ვევედრებოდეთ უფალსა რათა არა მისცეს ჴელმწიფებაჲ ბოროტსა მას მეფესა და მყვნეს ჩუენ მსახურ კერპთა თჳსთა. **26**. და მაშინ იწყო მამათმთავარმან ზაქარია ნუგეშინისცემად ჩუენდა; აღაღო პირი თჳსი, აღივსო სულითა წმიდითა და თქუა : «უფალსა ღმერთსა ჩუენსა დიდად მოწყალესა უყუარს მშჳდობაჲ სოფლისაჲ და ჰნებავს ცხორებაჲ ცოდვილთაჲ და მოქცევაჲ მათი სინანულად, და არა ჰნებავს სიკუდილი მათი და წარწყმედაჲ [54], არამედ ჰგებს და მოელის მოქცევასა მათსა, და მორწმუნეთა თჳსთა განაძლიერებს. **27**. ჵ შვილნო ჩემნო, მოიჴსენეთ სიტყუაჲ იგი უფლისაჲ რომელი ჰრქუა მოწაფეთა თჳსთა : რაჟამს მიგცნენ თქუენ მეფეთა და ჴელმწიფეთა, ნუ ჰზრუნავთ ვითარმედ რაჲ სიტყუაჲ მიუგოთ, რამეთუ უფალი ზეცათაჲ იტყოდის თქუენ წილ მას ჟამსა შინა. **28**. და აწცა [55] ნუ ჰზრუნავთ [56], რამეთუ უფალი იტყოდის თქუენ წილ წინაშე მეფისა მის. **29**. და უკუეთუმცა კაცი იყო რომელმან იგი მიმცნა ჩუენ სატანჯველსა ამას, ვწუხდითმცა [57]; ხოლო ვინაჲთგან უფალი არს რომელმან მოაწია ტანჯვაჲ ესე ჩუენ ზედა, არა შევწუხნეთ არცა სულმოკლე ვიქმნეთ, რამეთუ ჴელთა შინა მისთა არს სიკუდილი და ცხორებაჲ, ვითარ იგი თქუა : მე მოვაკუდინი, მე ვაცხოვნი [58]. **30**. და უკუეთუ ქუეყანისა მეფჱ შემძლებელ არს ბრძანებისა

[47] J add. და შემწე ჰირვეულთაჲ — [48] ღმერთსა J — [49] და T — [50] -ხვადა sic J — [51] უსჯულოჲ J — [52] მე(უ)ფე T — [53] უსჯ- J — [54] cfr *Ezech.*, XVIII, 23 ; XXXIII, 11 — [55] აწ J — [56] J add. ვითარმედ რაჲ სიტყუაჲ მიუგოთ; *Matth.*, x, 19 — [57] J add. ჩუენ — [58] *Deut.*, XXXII, 39

თჳსისა აღსრულებად, რაოდენ უფროჲს ზეცისა იგი მეუფჱ, რომლისა კელთა შინა არს სიკუდილი და ცხორებაჲ, შემძლებელ არს წამისყოფითაცა ბრძანებისა მისისა აღსრულებად. **31**. არამედ აწ სამთა მათ ყრმათა თანა ვიტყოდით : არს ღმერთი ჩუენი ცათა შინა, რომელი შემძლებელ არს ჩუენდა განრინებად სატანჯველთა ამათ გან და კელთა განცა მის [59] მეფისათა [60]. **32**. აჰა ესერა, საყუარელნო შვილნო, ვითარცა უნდა უფალსა ეგრეცა ყო; იყავნ სახელი მისი კურთხეულ უკუნისამდე [61]. **33**. აჰა ესერა მოვიწიენით ადგილსა ამას სადა იგი [62] იყო საკუმილი ცეცხლისაჲ აღგზებულ სამთა მათ ყრმათა თჳს; და აწ მივიწინეთ [63] ადგილსა მას საკუმილისასა და ვიხილოთ ჯურღმული იგი დანიელისი; და რაჟამს ადგილნი ესე წმიდათა მოწამეთანი ვიხილნეთ, ვისწრაფოთ და მივემსგავსნეთ საქმეთა მათთა. **34**. არა შევძრწუნდეთ და არცა შევშინდეთ და არცა მოვიწყინოთ სატანჯველი ესე; რამეთუ ქრისტე უფალი ჩუენი, რომელი არს ცათა შინა, მოწყალე არს, და მან დაშრიტოს [64] საკუმილი ცეცხლისაჲ და დაუყვნეს [65] პირნი ლომთანი; **35**. რამეთუ რაჟამს განმრავლდიან ჭირნი განსაცდელთანი, განმრავლდიან მოწყალებანიცა მისნი; და ამის თჳს მსწრაფლ მეწიოს ჩუენ წყალობაჲ მისი ჭირსა ამას შინა [66] ჩუენსა; და მან მხოლომან უფალმან მიჴსნნეს [67] ჩუენ სატანჯველისა ამის გან. **36**. შევიმოსოთ აწ სული წმიდაჲ და აღვიღოთ ჯუარი უფლისაჲ, რამეთუ იგი არს ძლიერებაჲ ჩუენი; და არა უარვყოთ [68] ქრისტე უფალი, რამეთუ იგი არს ღმერთი ჩუენი; ვიქმნნეთ [69] ჩუენ [70] ტაძარ და სადგურ სულისა მისისა, რამეთუ იგი არს სიტყუაჲ მამისაჲ. **37**. დავითმინოთ სიკუდილი ⌈მის თჳს [71], რათა მყვნეს ჩუენ მოწამე სახელისა მისისა; აღვიჭურნეთ და ვჰბრძოდით მტერთა ჩუენთა ⌈სარწმუნოებისა ჩუენისა თჳს [72], ვიდრემდის განცვბრდენ და შეძრწუნდენ, იხილონ რაჲ

[59] ამის J — [60] *Dan.*, III, 17 — [61] *Ps.* CXIII, 3 ; LXXI, 17 — [62] om. J — [63] მივიწიენით J — [64] დაშრიტის J — [65] დაუყვნის J — [66] შინა post ჩუენსა J — [67] მიჴსნეს J — [68] უვარ- J — [69] ვიქმნეთ J — [70] ჩუენცა T — [71] om. J — [72] ჭეშმარიტებითა სარწმუნოებისაჲთა J

სიმკნჱ [73] ჩუენი და სიკუდილი შჯულისა [74] თჳს. **38**. ჵ შვილნო ჩემნო, აჰა ესერა ქრისტე უფალი დგას ჩუენ თანა. და ყოველნი ანგელოზნი მისნი და ყოველნი წმიდანი მისნი შემწედ [75] ჩუენდა არიან; და ვინ [76] არს ღმერთ [77] ვითარ ღმერთი ჩუენი [78] ? რამეთუ იგი ჰბრძავს ჩუენ წილ მტერთა ჩუენთა, ვითარ იგი თქუა, ვითარმედ : მე თქუენ თანა ვარო ყოველთა დღეთა და ვიდრე აღსასრულამდე სოფლისა [79]». **39**. და ვითარ ესმა ერსა მას სწავლაჲ ესე [80] და ნუგეშინისცემაჲ ნეტარისა ზაქარიაჲს გან, განმტკიცნეს და ყოველთა ერთბამად აღიმაღლეს ჴმაჲ მათი და აკურთხეს ღმერთი; ხოლო მტერთა მათ დააცადეს ტანჯვაჲ ერისაჲ მის და იძულებით დატკებნაჲ ჯუარისაჲ [81].

XIX. **1**. არამედ აწ ისმინეთ, ძმანო ჩემნო, და გითხრა თქუენ. რამეთუ, ვითარცა მივიწიენით ბაბილოვნად და ეუწყა ბოროტსა მას მეფესა მისლვაჲ ჩუენი უწინარეს ერთისა დღისა, მოუწოდა მეინაკეთა თჳსთა და ერისმთავართა, მოგუთა და გრძნეულთა და მისანთა, რამეთუ ჰგონებდა ვითარმედ სასოებაჲ ჩუენი ჯუარისა მიმართ ცუდ არს. **2**. და ჰრქუა მათ ; «აჰა ესერა ძლიერებამან ცეცხლისამან რომელსა ჩუენ ვესავთ მომცა ჩუენ ქალაქი იგი დიდი ქრისტეანეთაჲ იერუსალჱმი და ჯუარი იგი მათი რომელსა ესვენ და თაყუანისსცემენ; და წინამძღუარიცა იგი შჯულისა [1] მათისაჲ მოცემულ არს ჴელთა ჩუენთა; და ხვალე შემოვალს იგი ჩუენდა ერით ურთ [2] მისით; აწ უკუე ისწრაფეთ და განემზადენით წყობად მისა [3] და ყავთ საქმჱ საკჳრველებისაჲ რომელსა იგინი ვერ შეუძლებდენ [4] ყოფად მისა [5]; და უკუეთუ თქუენ დააბრკოლოთ [6] იგი [7] საქმისა მის გან, და ვერ აღასრულონ მსგავსი საქმისა თქუენისაჲ, ნიჭითა და ბოძითა [8] განგამდიდრნე თქუენ». **3**. მაშინ ერთმან

[73] სიმშჳდე J — [74] სჯულისა J — [75] შემწე J — [76] ვინა T — [77] ღმერთი JT — [78] *Ps.* LXXVI, 14 — [79] *Matth.*, XXVIII, 20 — [80] ესე om. T — [81] J add. მის

XIX. [1] სჯულისა J — [2] თურთ J — [3] მისსა J — [4] შეუძლებენ Marr, შეუძლებდენ JO — [5] მისსა J — [6] დააბრკოლნეთ J — [7] იგინი J — [8] დიდებითა დიდითა J, დიდითა (და omisso) T

ვინმე მათ მოგუთა განმან მიუგო მეფესა და ჰრქუა : «ჵ მეფე, უკუნისამდე ცხონდი [9]; ნუ იურვინ გული შენი მთავრისა მის თჳს ქრისტეანეთა წინამძღურისა; რამეთუ ხვალე იხილო და სცნა თუ ვითარნი მონანი გისხენ შენ და ვითარნი მეინაკენი მსხდომარე არიან წინაშე შენსა». **4**. და ვითარცა შევედით ჩუენ ქალაქად, მიმასხმიდეს ჩუენ ვითარცა ცხოვართა დაკლვად [10], და შემიყვანნეს [11] ჩუენ სამეუფოდ და დამადგინნეს ჩუენ წინაშე მეფისა მის; და ჯუარიცა იგი გამოჴსნისა ჩუენისაჲ დგა წინაშე მისსა [12], ვითარ იგი ⌜ქრისტე უფალი ჩუენი [13] დგა წინაშე პილატე მთავრისა; და იწყეს სიმღერად და კიცხევად ჯუარისა შორის მათსა. **5**. ⌜მაშინ ნეტარი იგი მწყემსი ჩუენი ზაქარია წინაშე მეფისა მის დგა ვითარცა მოსე წინაშე ფარაოჲსა და ვითარცა დანიელ წინაშე ნაბუქოდონოსორ მეფისა ბაბილოვნელთაჲსა; და უჩუენა ღმერთმან სასწაული ჯუარითა თჳსითა, ვითარცა უჩუენა ფარაოს სასწაული კუერთხითა მით მოსეს მიერ [14]. **6**. მაშინ მოგჳ იგი უკეთური კადნიერ იქმნა ზედამოსლვად წმიდისა მის, ვითარცა გრძნეულნი [15] იგი მოსეს ზედა. ხოლო მეფემან, ვითარცა იხილა ერი [16] იგი წინაშე მისა [17] მდგომარე, იწყო სიქადულად და ზუაობად და აღიმაღლებდა თავსა თჳსსა, და თუმცა ვერ შეუძლო, აღმაღლდებოდა [18] ზეცად სალაღისა მის გან. **7**. არამედ ქრისტე უფალი ჩუენი ეცინოდა მას [19], რომელმან სიმდაბლით [20] აღასრულა ყოველი [21] განგებულებაჲ თჳსი და გარდამოსლვითა მისითა ქუეყანად შემუსრა ძალი მტერისაჲ და დაჰკსნა სიმტკიცჱ ჯოჯოხეთისაჲ. **8**. მაშინ ბრძანა მეფემან წარმოდგინებაჲ ნეტარისა ზაქარიაჲსი წინაშე მისა [22] და ჰრქუა მას: «ვინ ხარ შენ ანუ ვინაჲ, გინა რასა სასწაულსა შემძლებელ ხარ შენ აღსრულებად, რათა ვიხილოთ და გურწმენეს შენი?». **9**. ხოლო წმიდაჲ იგი ღმრთისაჲ

[9] ცხოვნდი J — [10] კლვად J — [11] -ყვანეს O — [12] მისა T. — [13] უფალი ჩუენი იესუ ქრისტე J — [14] totam § 5 om. J — [15] გრძნეული J — [16] sup. lin. J — [17] მისსა T, მეფისა მის J — [18] ამაღლდებოდა J — [19] მათ J — [20] -ითა Marr, -ით JO — [21] om. J — [22] მისსა J

ზაქარია სავსე იყო სულითა [23] და არა [24] ზრუნვიდა შინებისა [25] გან მისისა და არცა მთავართა და მარზაპანთა გან მისთა; არამედ თუალნი მისნი ზეცად აღეხილნეს, და გონებაჲ მისი ⌜უფალსა ხედვიდა [26] იესუ ქრისტესა [27] და დიდებულსა ჯუარსა მისსა, და ძალსა ძლიერებისა მისისასა თანაშემწჱ იყოფდა ვითარცა ანგელოზთა კრებულსა. **10**. და მიუგო მეფესა და ჰრქუა : «ჵ მეფე, მე კაცი ვარ ცოდვილი და ბრალთა შინა განფრდილი; და აჰა ესერა ჰხედავ რამეთუ უფალმან [28] ცოდვათა ჩუენთა თჳს მიგუცნა [29] კელთა შენთა სასწავლელად; და მე არა განვსცდი უფალსა ღმერთსა ჩემსა, არამედ მადლობით შევიწყნარებ მოწევნულთა ამათ ჭირთა; ხოლო შენ გნებავს განცდაჲ მისი; შენ უწყი». **11**. ჰრქუა მას მეფემან : «და ვითარ უკუე იტყჳ [30] ვითარმედ : არა არს ⌜ღმერთი სხუაჲ [31] ვითარ ღმერთი ჩუენი ? აჰა ესერა აწ უწყი რამეთუ შჯული [32] ჩემი უფროჲს არს შჯულისა [33] თქუენისა [34] და ღმერთი ჩემი უფროჲს არს [35] ღმრთისა თქუენისა». **12**. და ვითარ ესე თქუა, მოუწოდა მოგუსა მას წინაშე ყოვლისა მის ერისა და ჰრქუა : «მითხარ მე რაჲ იგი გეგულების ყოფად ანუ რომლითა სასწაულითა გნებავს ძლევაჲ მისი». **13**. ხოლო მოგუმან მან იწყო სიქადულად და ჰრქუა ნეტარსა ზაქარიას წინაშე მეფისა: «მითხარ მე რაჲ მიქმნიეს [36] გუშინ და რაჲ იგი მეგულების [37] ყოფად დღეს, რათა ვცნა ძალი ღმრთისა შენისაჲ და მრწმენეს შენი; უკუეთუ არა, მე გითხრა შენ რაჲ იგი გიქმნიეს გუშინ და რაჲ გეგულების ყოფად დღეს, და გრწმენინ ცეცხლი და დაუტევე შჯული [38] ქრისტეანეთაჲ». **14**. და ვითარცა ესმა ესე წმიდასა მას პატრიაქსა და მწყემსსა მას მშჳდსა, აღივსო სულითა წმიდითა და ჰრქუა მეფესა : «ჵ მეფე, ჯერ არსა მსახურთა შენთაჲ რათა ტყუოდიან წინაშე შენსა და ჰბასრობდენ

[23] J add. წმიდითა — [24] არას T — [25] შიშისა J — [26] ხედვიდა უფალსა J — [27] cfr *Act.*, VII, 55 — [28] om. J — [29] J add. უფალმან — [30] იტყჳთ J — [31] სხუაჲ ღმერთი J — [32] სჯული J — [33] შჯულსა OT, სჯ(უ)ლსა J — [34] თქუენსა OT, თქ(უე)ნსა J — [35] om. J — [36] გიქმნიეს J — [37] გეგულების J — [38] სჯული J

მეფობასა შენსა ტყუვილითა მათითა და უცნებითა?». **15**. ხოლო მეფესა ვითარცა ესმა სიტყუაჲ ესე, იწყო ფიცად და შეჩუენებად წინაშე ყოვლისა მის ერისა და თქუა: «ჭეშმარიტსა ვიტყჳ; უკუეთუ მსახურმან ჩემმან იკადროს ტყუვილი წინაშე ჩემსა [39], ვბრძანო მოკუეთაჲ [40] თავისა მისისაჲ; და უკუეთუ ჭეშმარიტი თქუას მსახურმან ჩემმან, ვბრძანო მოკლვაჲ ქრისტეანეთა წინამძღურისაჲ». **16**. მაშინ განიხარა წმიდამან მან, რამეთუ უწყოდა რაჲ იგი ეგულებოდა ღმერთსა ყოფად მის მიერ; და მიეახლა მოგუსა მას და ჰრქუა: «მითხარ მე, ჵ ბოროტო მოგო და მტერო ღმრთისაო, შემძლებელ ხარა თხრობად ჩემდა [41] რაჲ იგი მიქმნიეს გუშინ და რასა მეგულების მე ყოფად დღეს?». **17**. მიუგო მოგუმან მან და ჰრქუა: «ჰჲ, შემძლებელ ვარ თხრობად შენდა საიდუმლოჲ გულისა შენისაჲ». **18**. მაშინ მწყემსმან მან [42] კეთილმან მიყო ხელი მისი და მოიღო კუერთხი იგი რომელი აქუნდა მოგუსა მას; რამეთუ ესე არს ჩუეულებაჲ მათი, რათა აქუნდეს კუერთხი კელთა მათთა; და ჰრქუა მას: «მითხარ, ჵ მოგო ბოროტო, აწ [43] ჟამსა ამას რაჲ იგი მეგულების ყოფად, და ნუ გუშინდელსა [44] და დღენდელსა [45] მცბიერებით ტყუვილსა იწურთი; გცემა კუერთხითა ამით ანუ არა?». **19**. მაშინ მოგუსა მას ვითარცა ესმა ესე, განცჳბრდა და ეცვალა ფერი პირისა მისისაჲ და ვერღარაჲ მიუგო; არამედ იწყო გულისზრახვად თავსა თჳსსა და იტყოდა: «რაჲ ესე ვყავ, და მივეც თავი ჩემი წარწყმედასა? აწ არა [46] უწყი რაჲ მიუგო; უკუეთუ ვჰრქუა: გნებავს ცემაჲ ჩემი, მრქუას მე: არა მნებავს ცემაჲ შენი; და უკუეთუ ვჰრქუა: არა [47] გნებავს ცემაჲ ჩემი, მეყუსეულად მცეს თავსა ჩემსა; და არა უწყი რაჲ მიუგო, რამეთუ ვინაჲვე [48] კერძო ვიძლევი. სადა არს ბუნებაჲ ცეცხლისაჲ და ძალი მზისაჲ? მოვედინ შემწედ მსახურისა თჳსისა და მიჴსენინ მე აწ ჟამსა ამას

[39] om. J — [40] მოკლვაჲ T — [41] om. J — [42] om. T — [43] sup. lin. O — [44] გუშინდველსა J — [45] დღენდღელსა J — [46] არაჲ J — [47] om. JT — [48] -ვე om. J

ჭირისასა». **20**. ამას გულსა შინა თჳსსა იტყოდა, და არად სარგებელ ეყო. და ვითარ მოგჳ იგი გრძნეული დგა განლიგებული გულისზრახვასა მას შინა თჳსსა და ვერარაჲ მიუგო, მაშინ ბრძანა მეფემან ფიცისა მის თჳს და თანამეინაკეთა მოკუეთად ⌜თავი მისი[49], რამეთუ სირცხჳლმან შეიპყრა იგი ერისა მის გან. **21**. ხოლო მოგუმან მან ვითარ ცნა ესე, შიში და ძრწოლაჲ შეედვა მას, და ყოველნი ქალდეველნი შეძრწუნდეს, რაჟამს იხილეს მსწრაფლ[50] მოკლვაჲ მოგჳსაჲ მის. და მიერ ჟამით გან არღარა ვინ იკადრა მიახლებად ჯუარსა მას საუფლოსა და ძელსა მას ცხორებისა ჩუენისასა, რამეთუ შიშმან შეიპყრნა ყოველნი იგი ერთბამად სასწაულისა მის გან.

XX. **1**. და აწ, ძმანო ჩემნო, გაუწყო თქუენ რომელი იგი იქმნა, წმიდისა მამისა ჩუენისა მიერ, სასწაული, რომელი სხუათა მიერ მეუწყა; რამეთუ მე ესე ხოლო ვიხილე მოგჳსაჲ მის, და უთმინოებითა ჩემითა მე უდები ესე სულმოკლე ვიქმენ, და ვივლტოდე, და ვერ მოვიპოვე მოთმინებაჲ სრულიად წმიდისა მამისა ზაქარიაჲს თანა, რათამცა დავადგერ მის თანა მყოვარ ჟამ და ვერცა ერისა მის თანა ვიღუაწე, რათამცა სასყიდელსა მათსა ვეზიარე; არამედ იყვნეს ვინმე ძმათა განნი წარტყუენულთა მათ შორის რომელნი ივლტოდეს ღამით სპარსთა მათ გან; და მეცა მათ თანა ვივლტოდე, საწყალობელი ესე, და მოვედ იერუსალჱმად; და ვინებე რათა გაუწყო ყოველი რომელი იხილეს თუალთა ჩემთა[1]. ხოლო სხუაჲ ესე ვისწავე ძმათა გან სარწმუნოთა. **2**. და იყო ვინმე მონაზონი[2], რომელსა ერქუა ამბა სჳმეონ[3]; მითხრობდა იგი ზაქარია პატრიაქისა თჳს და თქუა ვითარმედ: **3**. შემდგომად ჟამთა მათ დიდსა პატივსა უყოფდეს ნებითა ღმრთისაჲთა, რომელი იგი ყოველსა ჟამსა ადიდებს და პატივსცემს მათ რომელნი ჭეშმარიტად პატივსცემენ და ადიდებენ მას, ვითარცა

[49] თავისა მისისა J — [50] -ს- sup. lin. O

XX. [1] ჩემ- sup. lin. J — [2] მონ- corr. ex სჳმეონ J — [3] სჳმეონ JO, სჳმონ Marr.

სიტყუამან საღმრთომან თქუა, ვითარმედ : «ვადიდნე მადიდებელნი ჩემნი [4]». **4**. რამეთუ იპოვა დედაკაცი ვინმე ცოლთა შორის ხუასრო მეფისათა, რომლისა მიერ პატივცემულ იქმნა ძელი იგი წმიდისა [5] ჯუარისაჲ და კაცი იგი წმიდაჲ ზაქარია პატრიაქი ; რამეთუ იყო დედაკაცი იგი სახელით ქრისტეანე, ხოლო იყო იგი წვალებისა გან ნესტორის უშჯულოჲსა [6] და ღმრთისა მიერ მოძულებულისა. **5**. ევედრა იგი მეფესა და მიიღო ძელი იგი წმიდისა ჯუარისაჲ ეგრეთვე დაბეჭდული პატრიაქისა თანა და სხუათა ვიეთმე წარტყუენულთა თანა რომელთაჲ ინება მან; და მიიყვანნა პალატად თჳსად და მისცა მათ ადგილი კეთილი და დაყუდებული და დიდსა პატივსა და ძღუენსა წინაუყოფდა მათ, და საკუმეველთა სულნელთა და სანთელთა და ყოველსა საკმარსა მათსა უხუებით მისცემდა მათ. **6**. და შემდგომად რაოდენისამე ჟამისა კაცთა ვიეთმე ჰურიათა აღიშურვეს პატივისა მის თჳს რომელსა უყოფდეს ყოველნი კაცსა მას ღმრთისასა, და შეასმინეს იგი მეფისა, რამეთუ აქუნდა მათ კადნიერებაჲ მის წინაშე ეშმაკისა განმარჯუებითა; და ჰრქუეს ვითარმედ : «ისიძავს იგი». **7**. და ქალსა ვისმე საწყალობელსა რომელსა იგი მათ დღეთა ოდენ [7] ეშვა ყრმაჲ აღუთქუეს ფასი და დაარწმუნეს მას რათა შეასმინოს [8] იგი მეფისა. **8**. ხოლო მეფემან მოუწოდა ნეტარსა მას და მისცა იგი მსაჯულთა განსაკითხავად ; და აღდგეს ჰურიანი იგი მარადის წინააღმდგომნი ღმრთისანი ქალით ურთ; კმობდეს და დაამტკიცებდეს ვითარმედ ყრმაჲ იგი რომელ აქუნდა ქალსა მას მის განი არს ; და იყო ყრმაჲ იგი ათხუთმეტისა დღისაჲ გინა ოცისაჲ ; ხოლო ქალი იგი ფრიად კმობდა. **9**. არამედ კაცი იგი ღმრთისაჲ დგა შეუძრწუნებელად შორსრე მსაჯულთა გან და მიყრდნობილ იყო კუერთხსა თჳსსა, და დუმნა იგი მრავალ ჟამ ; ხოლო მსაჯულნი იგი აიძულებდეს მას [9] რათა მისცეს მათ სიტყუაჲ. **10**. მაშინ ნეტარმან მან

[4] 1 *Reg.*, II, 30 — [5] წმიდისა om. J — [6] უსჯულოჲსა J — [7] შინა J — [8] შეასმინონ J — [9] -ს sup. lin. J

მოითხოვა ყრმაჲ იგი, და[10] ვითარ მიიქუა მკლავთა თჳსთა ზედა, დასწერა პირსა მისსა ჯუარი და ჰკითხა მას წინაშე ყოველთასა და ჰრქუა : «სახელითა უფლისა ჩუენისა იესუ ქრისტესითა თქუ, ყრმაო, ჭეშმარიტი ; მე ვარა[11] მამაჲ შენი ?». და მიუგო ყრმამან მან ვითარცა სრულმან კაცმან და ჰრქუა : «ნუ იყოფინ». **11**. და ესმა ესე ყოველთა რომელნი იყვნეს მუნ, და შეიპყრნა იგინი განკჳრვებამან საკჳრველებისა მის თჳს ღმრთისა მოწყალისა. ხოლო მეფესა ვითარცა ესმა ესე მსაჯულთა გან, უფროჲსად შესძინა პატივისცემასა მისსა, და ეპყრა იგი ვითარცა წინაჲსწარმეტყუელი.

XXI. **1**. და სხუაჲცა ამისივე მსგავსი გჳთხრა ჩუენ მანვე სჳმეონ ამის წმიდისა პატრიაქისა თჳს და თქუა ვითარმედ : მთავრისა ვისიმე მის ქუეყანისა[1] ცოლი იყო ბერწ და არა შობდა ; მრავალთა გრძნეულთა და მისანთა სთხოვდა რათა მოეცეს მას შვილი ; და ვერ მიიღო თხოვაჲ მისი. **2**. ხოლო ქმარი მისი სარწმუნოებით მოვიდა წმიდისა მის და ევედრა მას რათა ულოცოს და მოსცეს მათ ღმერთმან შვილი. ხოლო მან არა თავსიდვა, არამედ ჰრქუა მას : «შემინდვე[2], რამეთუ[3] კაცი ვარ ცოდვილი, და არა მაქუს მე[4] კადნიერებაჲ ვედრებად უფლისა». **3**. ხოლო კაცი იგი დაადგრა ვედრებასა თჳსსა მრავალ ჟამ. მაშინ დადგა ნეტარი იგი აღმოსავალით კერძო წინაშე წმიდისა მის და დიდებულისა ჯუარისა, და ყო ლოცვაჲ და თაყუანისცემაჲ კაცისა მის თჳს ; და მერმე მოითხოვა წყალი და დაიბანა პირი მისი[5] წინაშე მის კაცისა და მისცა ნაბანი იგი მას და ჰრქუა : «წარვედ და მიეც ნაბანი ესე ცოლსა შენსა და არქუ მას რათა სუას და იცხოს კორცთა თჳსთა ამის განი». **4**. ხოლო მან წარსცა მუნთქუესვე[6] წყალი იგი ; და ვითარცა მიიღო[7], ჰკითხა მათ ⌈დედაკაცმან მან[8] ვითარმედ : «რაჲ არს ესე ?» და უთხრეს[9] მას ჭეშმარიტი, რაჲ

[10] om. Marr, habent JO — [11] ვარ T

XXI. [1] -ნისაჲ J — [2] -ნ- sup. lin. O — [3] sup. lin. J — [4] om. J — [5] om. J — [6] მუნთქუესვე post იგი J — [7] J add. დედაკაცმამ მან წყალი იგი — [8] om. J — [9] უთხრა T

იგი იყო. ხოლო მან შეურაცხყო იგი და ბრძანა რათა დასთხიონ. **5**. და ვითარცა მოვიდა ქმარი მისი, იწყო ბრალობად მისა[10] დედაკაცმან მან საწყალობელმან და ჰრქუა : «ნაბანი ეგევითა-რისაჲ მის ჯერ იყოა შენდა რათამცა წარმოეც ჩემდა[11] სასუ-მელად ?». **6**. ხოლო მას ვითარცა ესმა ესე, ჰრქუა მას : «და არა სჳა[12] მის განი და არცა[13] იცხე[14] ?». და მან ჰრქუა : «არა, არამედ ვბრძანე რათა დაითხიოს». **7**. და ჰკითხა მათ[15] : «სადა დაითხია იგი ?». და ვითარცა მოვიდა ადგილსა მას, პოვნა ორნი ყუავილნი შუენიერნი, რამეთუ მყის აღმოსცენდეს. **8**. და მოიხუნა იგინი და მოართუნა ცოლსა თჳსსა და ჰრქუა : «ჰხედავა, საწყალობელო, ვითარ შურად აღუდეგ თავსა შენსა? რამეთუ ღმერთსა ენება შეწევნაჲ ჩუენი, და უკუეთუმცა გესუ წყლისა მის განი, ესევითარნი ყრმანი ორნი შობად გესხნეს[16] ; არამედ არცა ღირს იყავ და ვერცა მიემთხჳე ნებასა შენსა». **9**. ხოლო იგი აბრალებდა თავსა თჳსსა განძჳნებისა და ამპარტავანებისა თჳსისა თჳს; და არა რაჲ სარგებელ ეყო, არამედ დაადგრა იგი უნაყოფოდ ვიდრე აღსასრულადმდე[17] მისა[18].

XXII. ებისტოლე ზაქარია პატრიაქისაჲ, რომელი მიუწერა ბაბილოვნით იერუსალჱმად მათა[1] რომელნი დაშთომილ იყვნეს ტყუეობისა გან

1. სძლისა მის დაქურივებულისა ეკლესიისა სიონისა და წმიდისა ქალაქისა რომლისა ·გან ტყუე· იქმნნეს[2] შვილნი მისნი, ქალაქისა[3] მის დიდებულისა და სამწყსოჲსა მის რომელსა არა აქუს მწყემსი, ქალაქისა მის იერუსალჱმისა და მას შინა მყოფთა შვილთა ქრისტესთა, ზაქარია პატრიაქისა გან ჭირვეულისა და განწირულისა და ღუაწლთა გან დაღონებულისა. **2**. ესე წიგნი კრძალულებისაჲ წარმოვეც თქუენდა, შვილთა

[10] მისსა J — [11] ჩემდა post სასუმელად J — [12] ჰსუია J — [13] არა JT — [14] იცხეა J — [15] მას T — [16] იყვნეს JT — [17] -ამდე T — [18] მისსა J

XXII. [1] om. J — [2] იქმნეს JT — [3] რომლისა – ქალაქისა om. T

წმიდისა ეკლესიისათა, წარმოვეც თქუენდა ⌜წყალობაჲ და [4] ლხინებაჲ ქრისტეს გან მაცხოვრისა ჩუენისა სახიერისა და მოწყალისა და ცოდვათა ჩუენთა აღმჴოცელისა; და ესე არს დაწყებაჲ წიგნისა ჩემისაჲ. **3**. იყავნ სახელი უფლისაჲ კურთხეულ ამიერითგან უკუნისამდე, რამეთუ არა ცოდვათა ჩუენთა ებრ მიყოს ჩუენ უფალმან, და არცა უშჯულოებათა [5] ჩუენთა ებრ მომაგოს ჩუენ [6]. **4**. არამედ ვაჲ ჩემდა, უძლურისა ამის, რამეთუ განვეშორე სიონსა და დავემკჳდრე საყოფელთა კედარისათა [7], ვითარ იგი თქუა დავით წინაჲსწარმეტყუელმან; ესრეთვე მე [8] დღე და ღამე ვიტყჳ და ვიწურთი, და ბაგენი ჩემნი არა დასცხრებიან სიტყჳსა ამის გან : «უკუეთუ დაგივიწყო შენ, იერუსალჱმ, დამივიწყენ მეცა მარჯუენემან [9] შენმან» [10]. **5**. უწყოდეთ, შვილნო ჩემნო, რამეთუ დავსხედით ჩუენ მდინარეთა ზედა ბაბილოვნისათა და ვტიროდეთ რაჟამს მოვიჴსენეთ ჩუენ სიონი [11] და წმიდაჲ გოლგოთაჲ და დიდებული ადგომაჲ და ყოველთა მიერ საწადელი ბეთლემი. **6**. აჰა ესერა, ძმანო ჩემნო, აღგჳხილვან თუალნი ჩუენნი მთათა მიმართ, ვინაჲ მოვიდეს შეწევნაჲ ჩუენი [12] და გამოჴსნაჲ. **7**. ისმინეთ თქუენ, რომელნი ეგე ქრისტეს მიერ იჴსნენით მტერთა გან და განგარინნა თქუენ ჭირთა გან და მწუხარებათა, ისმინეთ ჴმაჲ მწყემსისა თქუენისა ზაქარიაჲსი, და ნუ გიკჳრნ რამეთუ ღმერთმან გიჴსნნა თქუენ ტყუეობისა გან მტერთაჲსა. **8**. მოიჴსენეთ სიტყუაჲ იგი მოციქულისაჲ რომელსა იტყჳს : «უკუეთუ შორს ხართ სწავლასა, მწირნი ვიდრემე ხართ და არა შვილნი [13]; და თქუენცა უკუე ეკრძალენით ზუაობისა გან, რათა არა შესცთეთ [14] უნდოსა ზრახვასა და მიეცნეთ სწავლასა; არამედ უფროჲსღა განემზადენით სათნო ყოფად უფლისა, რათა ოდეს წარხჳდეთ ამიერ სოფლით, საქმჱ იგი მდიდრისაჲ მის და გლახაკისა ლაზარესი თქუენ ზედა არა აღესრულოს.

[4] om. J — [5] უსჯ- J — [6] *Ps.* cxii, 2; cii, 10 — [7] *Ps.* cxix, 5 — [8] om. T — [9] მ(ა)რჯ(უე)ნამ(ა)ნ J — [10] *Ps.* cxxxvi, 5 — [11] *Ps.* cxxxvi, 1 — [12] *Ps.* cxx, 1 — [13] *Hebr.*, xii, 8 — [14] -თ- sup. lin. O

9. უკუეთუ სცხოვნდებოდით თქუენ განსუენებით და ჭირი და სწავლაჲ თქუენ არა შეგემთხჳოს, უწყოდეთ რამეთუ სატანჯველი საუკუნოჲ თქუენ თჳს განმზადებულ არს. **10**. იხილეთ ნუ უკუე განზრქეს გული თქუენი შუებითა და სიხარული გეუფლოს და განამრავლოთ სუმაჲ ღჳნისაჲ, და მერმე ნაწუეთსა წყლისასა ეძიებდეთ და არა ჰპოოთ. **11**. ნუ იქადით და ჰგონებთ ვითარმედ ღირსებისა თქუენისა თჳს იჴსნენით მტერთა გან და დაგიცვნა თქუენ[15] ღმერთმან; არამედ მცირედ მორწმუნეობისა თქუენისა[16] თჳს და უძლურებისა არა მიგცნა თქუენ ღმერთმან[17] ჴელთა მტერთასა. **12**. დაიცვენით თავნი თქუენნი უდბობისა გან და მიდრეკისა, რამეთუ ფრიად არიან მბრძოლნი თქუენნი, და გაჴსოვსმცა დღჱ იგი საშინელი; და უკუეთუ, რაჟამს წარსდგით[18] წინაშე მსაჯულისა მოკუდავისა, ძრწოლაჲ და შიში ეუფლოს გულთა თქუენთა და მრავალნი ივლტოდითცა ზარისა მის გან მისისა, რავდენ უფროჲს, რაჟამს წარსდგეთ მსაჯულისა მის უკუდავისა და ცათა და ქუეყანისა შემოქმედისა. **13**. ნუ გიხარინ ამას ზედა რამეთუ რომელნიმე თქუენ განნი ტყუე იქმნნეს[19] და თქუენ დაშთით, და ნუცა გიკჳრნ რამეთუ მრავალნი წმიდათა განნი წარიტყუენნეს და ცოდვილნი განერნეს. **14**. ისმინეთ სიტყუაჲ[20] უფლისაჲ რომელი ჰრქუა[21] ჰურიათა : «ნუ უკუე კრებული იგი რომელთაჲ სისხლი შეჰრია პილატჱ მსხუერპლსა მას კერპთასა უცოდვილეს იყვნეს[22] ყოველთასა? ნუ იყოფინ; ხოლო გეტყჳ თქუენ : უკუეთუ არა შეინანოთ, უძჳრეს მათსა გეყოს თქუენ; და იხილენით ათორმეტნი იგი[23] კაცნი რომელთა ზედა გოდოლი იგი სილოამისაჲ დაეცა; და ნუ ჰგონებთ ვითარმედ უცოდვილეს იყვნეს ყოველთა მყოფთა იერუსალჱმისათა; ნუ იყოფინ; არამედ გეტყჳ თქუენ : უკუეთუ არა შეინანოთ, მსგავსად

[15] om. J — [16] om. J — [17] om. J — [18] წარსდგეთ J — [19] იქმნეს JT — [20] J add. ესე — [21] Marr. add. ესე, om. JO — [22] იყუნესა J — [23] hic in T folium unum avulsum; textus desideratur inde a კაცნი usque ad § 23 და თქუენ განსუე- (v. MARR, p. 65).

მათსა წარსწყმდეთ [24]». **15**. ისმინეთ სიტყუაჲ ესე და გეშინოდენ უფლისა, და ნუ დამივიწყებთ ჩუენ რამეთუ ვართ ˹თქუენ და ჩუენ [25] ერთ გუამ; და მოიჴსენეთ სიტყუაჲ იგი მოციქულისაჲ რომელსა იტყჳს, ვითარმედ [26] : «უკუეთუ ევნებინ ერთსა ასოსა, მის თანა ევნებინ ყოველთა ასოთა [27]»; და კუალად თქუა : «ვინ უძლურ არნ და მე არა უძლურ ვიყვი ? [28]». **16**. ამის გამო უწყოდეთ, ძმანო ჩემნო, მწუხარებაჲ იგი ძმათა თქუენთაჲ და მათ თანავე გელმოდენ [29]; და ნუ დაივიწყებთ მეგობრებასა [30] მათსა, რათა არა იტყოდიან თქუენ თჳს : «უცხო ვიქმნენით ჩუენ ძმათა გან [31] ჩუენთა და სტუმარ ძეთა დედისა ჩუენისათა [32]», ესე იგი არს სიონი და შვილნი მისნი. **17**. მიდრიკენით [33] გულნი თქუენნი მათა [34] მიმართ რომელნი არიან ჭირთა შინა და იყვენით მსგავს მათა [35] გონებითა, და იგლოვდით მათ თჳს გონებითა თქუენცა [36] რომელნი არიან მწუხარებასა შინა და სატანჯველთა. **18**. მოიპოვეთ [37] მოთმინებაჲ ვითარცა წარტყუენულთა, რამეთუ რომელნი ტყუეობასა შინა არიან უნებლიაჲთცა ცოდვასა განყენებულ არიან; და თქუენცა განეშორენით ცოდვასა და ნუ მისცემთ თავთა თქუენთა ნუგეშინისცემასა მწუხარებისა გან, რამეთუ თჳნიერ მწუხარებისა გჳრგჳნსა ვერვინ მიემთხუევის. **19**. მოიჴსენეთ მდიდრისაჲ მის; რამეთუ რომელნი განსუენებით შუებასა შინა ცხოვნდებიან მსგავს მისა [38] იქმნენ; და რომელნი ჭირსა შინა და მწუხარებასა იზარდებიან გლახაკისა მის ლაზარეს თანა იხარებდენ და იტყოდიან : «რაჲსა თჳს არა უფროჲსად დავითმინეთ ჭირი იგი და ღუაწლი ქრისტეს თჳს, რათამცა უზეშთაესსა [39] დიდებასა ღირს ვიქმნენით ?». **20**. ღაღადყავთ [40] ქრისტეს მიმართ და იტყოდეთ : «განვლეთ ჩუენ ცეცხლი და

[24] *Luc.*, XIII, 1-5 — [25] ჩუენ და თქუენ J — [26] რ(ამეთუ) J — [27] 1 *Cor.*, XII, 26 — [28] 2 *Cor.*, XI, 29 — [29] -დინ J — [30] -ობასა J — [31] გან post ჩუენთა J — [32] ჩემისათა J ; *Ps.* LXVII, 9 — [33] მიიდრიკენით J — [34] მათდა J — [35] მათდა J — [36] [illegible]ენცა ante გონებითა J — [37] -ოეთ J — [38] მისსა J — [39] უზესთაესსა J — [40] [illegible]ალატყავთ J

წყალი და გამომიყვანენ ჩუენ განსასუენებელად შენდა[41]»; და კუალად თქუთ: «მრავალ არს ჭირი მართლისაჲ»[42], რამეთუ ვითარცა გამოიცადის ოქროჲ ცეცხლსა შინა, ეგრეთ გამოიცადებიან წმიდანი ღუაწლსა შინა[43]. **21**. ნუ იქადით, შვილნო ჩემნო, ნუცა მხიარულ ხართ რამეთუ იჴსნენით ამის განსაცდელისა გან; არამედ უფროჲსღა წუხდით და იურვოდეთ დღისა მის თჳს; იხილეთ რომლითა საქმითა შეემთხჳნეთ[44] ქრისტესა; განეშორენით საქმეთა თქუენთა ბოროტთა და შეუდეგით ლოცვასა და ვედრებასა. **22**. და უკუეთუ პეტრე მოციქული უვარისყოფითა მით კნინღა და მიმცაეცა იგი დამჴობასა, რავდენ[45] უფროჲს თქუენ მიეცნეთ წარწყმედასა. უკუეთუ არა მოიჴსენოთ უფალი თქუენი და ჩუენ, ერი მისი, და სახელისა მისისა თჳსცა ტანჯვასა მიცემულნი, მიეცნეთ განკითხვასა დღესა მას აღგომისასა. **23**. აღიხილენით თუალნი თქუენნი და იხილეთ უფალი და ლოცვასა განემზადენით; და ჩუენ თჳსცა ილოცევდით უფლისა მიმართ, რათა მიჴსნნეს[46] ჩუენ ჭირისა ამის გან; და უკუეთუ პეტრე მოციქულისა თჳს ლოცვაჲ იგი განკრძალულად იყოფოდა[47], რავდენ უფროჲს ჩუენდაცა საჴმარ არს ლოცვაჲ, რომელნი ესე ვართ საპყრობილესა[48] შინა და თქუენ განსუენებებასა[49]; ჩუენ სატანჯველსა შინა, და თქუენ შუებასა; თქუენ მონანი გმსახურებენ, და ჩუენ მონებასა მიცემულ ვართ და გუემასა. **24**. ისმინეთ უფლისა იგი თქუმული, რომელსა იტყჳს : «საწყაულითა რომლითა მიუწყოთ მოგეწყოს[50] თქუენ[51]»; და უწყოდეთ რამეთუ საქმეთა ებრ თქუენთა მოგებად არს თქუენდა[52]. **25**. მოიჴსენეთ სიტყუაჲ იგი რომელი გამცენ თქუენ, ვდეგ რაჲ სიონსა შინა : «ჵ შვილნო ჩემნო, ვხედავ რამეთუ ლოცვაჲ

[41] *Ps*. LXV, 12 — [42] *Ps*. XXXIII, 20 — [43] *Prov*., XVII, 3 — [44] შეემთხჳვნეთ J — [45] რაოდენ J — [46] მიჴსნეს J — [47] იყოფვოდა J ; *Act*., XII, 5 — [48] inde a -სა შინა usque ad შუებასა თქუენ O evanidus — [49] inde a -ნებასა denuo T post lacunam unius folii (v, notam 23 supra) — [50] om. T — [51] *Marc*., IV, 24 — [52] *Matth*., XVI, 27

უდებ გიყოფიეს და შჯული[53] და კანონი შეურაცხგიყოფიეს, და არა უწყი თუ ვითარ უფალმან მოგხედოს თქუენ ანუ ვითარ იყოს აღსასრული თქუენი; და თქუენ უდებებასა შინა ხართ და იტყჳთ ვითარმედ : უფალი მოწყალე არს და არა დაგუბადნა ჩუენ სატანჯველად, არამედ მან მიჴსნნეს[54] ჩუენ. ისმინეთ რაჲ იგი თქუა დავით წინაჲსწარმეტყუელმან, ვითარმედ : ღმერთმან წარწყმიდნეს ყოველნი მოქმედნი უშჯულოებისანი[55]; და : საქმეთა მათთა ებრ მიაგოს მათ[56]». **26**. და ამას რაჲ გეტყოდე თქუენ, გულისწყრომით განჰრისხენით ჩემ ზედა; და ამის თჳს მოიწია რისხვაჲ ღმრთისაჲ ჩუენ ზედა; და მაშინღა აღვდეგით ძილისა გან და გულისხმავყავთ ვითარმედ თავთა თჳსთა ვაცთუნებდით და ცუდსა სასოებასა ვიგონებდით; განვისწავლენით, არამედ არა ყოველნი. **27**. ეკრძალენით თავთა თქუენთა; განეშორენით სიმთრვალესა და ევლტოდეთ[57] ცოდვასა და ბრალსა; ზრუნევდით ეკლესიათა თჳს ერთბამად და მიისწრაფდით ლოცვასა და განუყავთ მონაგები თქუენი გლახაკთა; და ნუ გეშინინ, რამეთუ ქრისტემან გიჴსნნეს[58] თქუენ მტერთა გან; და ნუ მისცემთ სულთა თქუენთა წარწყმედასა[59]; და უწყოდეთ უკუეთუ კაცი შემძლებელ იყოს განრინებად ძმისა თჳსისა და არა იჴსნას იგი ვნებისა მის გან, სისხლი მისი მის გან იძიოს ღმერთმან. **28**. გევედრები თქუენ ყოველთა რათა მსგავსად ძალისა თქუენისა შურებოდით[60] და იქმოდით კეთილსა გინა ლოცვითა გინა მონაგებითა გინა მარხვითა და ცრემლითა, რამეთუ შემუსრვილი სული მახლობელ არს უფლისა. **29**. და კუალად ჩუენ, ტყუეობასა მიცემულნი ესე, გევედრებით რათა ევედრნეთ უფალსა და შემიწყალნეს ჩუენ და შეიწყალნეს ჩჩჳლნი ესე ობოლნი და ქურივნი და გლახაკნი, და[61] გამომიყვანნეს ჩუენ[62] სატანჯველისა ამის გან, და მომიყვანნეს[63] ჩუენ იერსალჱმად, ქალაქსა მაგას წმიდასა.

[53] სჯული J — [54] მიჴსნეს J — [55] უსჯ- J ; *Ps.* v 5-6 ; c, 8 — [56] *Ps.* LXI, 13 — [57] -ოდით T — [58] გიჴსნეს JO — [59] წარწ. ante სულთა J — [60] ჰშურ- J — [61] sup. lin. O — [62] om. JT — [63] -ყვანეს J

30. ჵ სიონ, შვილნი შენნი გიკითხვენ შენ; მშჳდობით მიით-უალე მოკითხვაჲ ჩუენი, და მოიჴსენენ შვილნი შენნი რომელნი შენდამი ღაღადებენ და იტყჳან: ნუ დამივიწყებ ჩუენ და [64] დაივიწყებ ვედრებასა ჩუენსა, წმიდაო და დიდებულო. **31**. მშჳ-დობაჲ თქუენდა ჩემ მიერ ადგილთა მაგათ წმიდათა და დიდებულთა; მშჳდობაჲ შენდა, წმიდაო ადგომაო და საფლავო ნათლითა შემოსილო; შვილნი შენნი წარტყუენულნი მოგიკი-თხვენ შენ, წმიდაო ადგომაო. **32**. მშჳდობაჲ შენდა, იერუსალჱმ, ქალაქო წმიდაო, და მშჳიდობაჲ ყოველთა ადგილთა რომელნი ბრწყინვენ შენ შორის; მშჳდობაჲ [65] შენდა, მთაო წმიდაო ზეთისხილთაო; მშჳდობაჲ [66] შენდა, ბეთლემო დიდებულო და სახელოვანო [67] ქალაქო; მოიჴსენე მსახური შენი რომელი ტყუეობასა მიცემულ არს, და მოიჴსენენ შვილნი შენნი წარ-ტყუენულნი და მონებასა მიცემულნი. **33**. მშჳდობაჲ უფლისა ჩუენისა იესუ ქრისტესი იყავნ თქუენ ყოველთა თანა ყოველსა ჟამსა და [68] მარადის უკუნითი უკუნისამდე. ამენ [69].

XXIII. რიცხჳ მკუდართაჲ [1] რომელი იპოვა იერუსალჱმს

1. ისმინეთ, საყუარელნო ძმანო ჩემნო, რიცხჳ იგი მკუდა-რთაჲ რომელი იპოვა იერუსალჱმს შემდგომად სპარსთა შემო-სლვისა და ერისა მის მოსრვისა და წარტყუენვისა და ვითარითა სიკუდილითა მოისრნეს სამწყსონი იგი ქრისტეს ღმრთისა ჩუენისანი. **2**. იყო კაცი ვინმე იერუსალჱმს რომელსა სახელი ჰრქუა თომა; ესე ნეტარი შეიჭურა ძალითა ქრისტესითა და მიემსგავსა ნიკოდემოსს, რომელმან იგი დაჰმარხნა ჴორცნი უფლისანი, და მეუღლე მისი მარიამს მაგდანელსა; რამეთუ ამათ აღასრულნეს საქმენი კეთილნი, რომლისა გამო ღირს არიან მოჴსენებად და ჯერ არს მათ თჳს სიტყუაჲ. **3**. და რომელსა ჰნებოს [2] გულისხმისყოფაჲ თუ რაჲ შეემთხჳა იერუ-

[64] J add. ნუ — [65] და მშჳდობაჲ J — [66] და მშჳდობაჲ J — [67] სახელუვანო J — [68] და post მარადის J — [69] doxologiam მშჳდობაჲ - ამენ om. T

XXIII. [1] მკუდართანი T — [2] ჰნებავს JT

სალწმელთა, ჰკითხენ მათ; რამეთუ ამათ ნეტართა შური საღმრთოჲ აღიღეს, რომელნიცა ესე მოსლვასა მას[3] სპარსთასა დახუდომილ იყვნეს, და ყოველი იგი მათ მიერ ყოფილი გულისკმაეყო ზედამიწევნით, და საქმითცა ღმრთისმსახურებისა იგი მოსწრაფებაჲ აღასრულეს. **4**. და ვითარცა წარვიდეს სპარსნი იგი, იწყეს მათ ძიებად ყოველთა მკუდართა მათ[4] მიერ მომწყუდართა ქალაქსა შინა და გარემო მისა[5] და ყოველთა ფოლოცთა[6] და ადგილთა; და რომელსა ჰპოებდეს შეჰკრებდეს სწრაფითა დიდითა და გულსმოდგინებითა ქუაბსა მას შინა მამილისასა, და სხუათაცა[7] ქუაბთა შეჰკრებდეს და დაჰფლვიდეს. **5**. და ამათ ნეტართა მიერ გუეუწყა ზარისაღსაკდელი იგი სიკუდილი ერისა მის მორწმუნისაჲ; და რომელიმე ჩუენცა ვიხილეთ ესევითარითა წყლულებითა მომწყუდარი ერი იგი. **6**. რამეთუ რომელიმე[8] თავით გან ვიდრე მკერდამდე[9] განპებულ იყო და იდვა; და რომელიმე მუცლამდე[10] მკრით გან განბძარული[11] იდვა[12]; და რომელიმე მახჳლითა განგუმერილი და დაჭრილი იდვა ვითარცა მხალი; და რომელიმე ორად განკუეთილი ⌜იდვა; და რომლისამე მუცელი განეპო მახჳლითა[13] და ნაწლევნი მისნი ისხნეს გარე; და რომელიმე წულილად[14] ასოდ ასოდ ⌜დაჭრილი იდვა[15], ვითარცა კორცი ქუნდაქართაჲ[16]. **7**. და უფროჲსღა ესე სატკივარ არს და საგლოველ გონებითა, რამეთუ რომელნიმე ფოლოცთა[17] შინა ისხნეს მიწასა შერეულნი, და რომელნიმე თიჯასა და მწჳრესა მწიკულითა[18] შესუარულნი, და რომელნიმე ეკლესიათა შინა და სახლთა შინა ისხნეს სისხლითა შებღალულნი. **8**. და რომელნიმე მიივლტოდეს წმიდასა მას წმიდათასა და მუნ შინა ვითარცა მხალნი დაჭრილნი ისხნეს; და რომელიმე იპოვა მოკლულთა მათ განი და აქუნდა

[3] om. T — [4] სპარსთა J — [5] მისსა JT — [6] ფოლორცთა J — [7] -ცა om. T — [8] რომელნიმე T — [9] -ადმდე J — [10] -ადმდე J — [11] განბრძალული J — [12] om. T (Marr : « om. J », sed J habet) — [13] om. T (Marr : « om. J », sed J habet) — [14] წურილად JT — [15] დაჭრილნი ისხნეს J — [16] ქონდა- T — [17] ფოლორცთა J — [18] და მწიკულითა J

კელთა მისთა [19] დიდებული იგი და ცხოველსმყოფელი კორცი ქრისტესი, და ვიდრე მიღებამდე [20] მისა [21] დაეკლა იგი [22] ვითარცა ცხოვარი; და რომელნიმე რქასა მას წმიდისა საკურთხეველისასა მოხუეულ იყვნეს და რომელნიმე პატიოსანსა ჯუარსა, და მათ ზედა მოკლულნი ისხნეს; და რომელნიმე სანათლოდ მიივლტოდეს და ბაგესა მას ზედა ემბაზისასა მომწყდარნი ისხნეს; და რომელნიმე ტრაპეზსა მას წმიდასა ქუეშე დამალულნი [23] მოისრნეს და იქმნნეს [24] მსხუერპლ ქრისტესა. **9**. ხოლო რიცხჳ ყოველთა მათ მკუდართაჲ ისმინეთ და გაუწყო [25] თქუენ; რამეთუ ესე ნეტარი თომა მითხრობდა და თქუა ვითარმედ: **10** «შემდგომად ⌜სპარსთა მათ [26] წარსლვისა, დავშით მე იერუსალჱმს და ვიწყე ძიებად მკუდართა მათ მოკლულთა რომელნი მოისრნეს მტერთა მათ გან ბოროტთა. **11**. და მივედ [27] ეკლესიასა წმიდისა მოწამისა გიორგისსა, რომელ იგი არს გარეშე ქალაქსა, და მიერ ადგილით ვიწყე ძიებაჲ მკუდართაჲ და დავჰფლევდ ქუაბთა შინა; და ვპოვეთ [28] საკურთხეველსა ზედა მის წმიდისა ეკლესიისასა შჳდი სული მდებარე; და მოგუცა უფალმან ძალი და წმიდამან გიორგი და დავჰფლენით იგინი. და მერმე ვიწყეთ ძიებად და დაფლვად ყოველთა მკუდართა; რომელნიმე ქუაბებსა შევკრიბენით და რომელნიმე საფლავთა შინა და აკალდამათა დავჰმარხენით. და ესრე სახედ ვჰპოვებდით. **12**. რამეთუ ვპოვეთ ეზოსა მას შინა საკელმწიფოსა ოც და რვაჲ სული. **13**. და ვპოვეთ ლაკუათა შინა მომწყდარი ორას სამეოც და ათხუთმეტი სული. **14**. და ვპოვეთ ⌜წინაშე ბჭეთა [29] წმიდისა [30] სიონისათა ორათას ორას სამეოც და ათი სული. **15**. და ვპოვეთ ნია წმიდისა საკურთხეველსა ზედა ექუსასი სული. **16**. და ვპოვეთ ეკლესიასა შინა სოფია წმიდისასა ოთხას სამეოც და ათშჳდმეტი [31]

[19] მათთა J — [20] -ადმდე J — [21] მისსა JT — [22] om. JT — [23] om. J — [24] იქმნეს JT — [25] გაუწყოთ Marr, გაუწყო JO — [26] სპარსთაჲსა მის T (Marr : «J», sed J habet sicut O) — [27] მოვედ J — [28] ვპოეთ J, et ita saepe ; infra O saepe ვპოეთ — [29] ბრჭეთა წინაშე J — [30] in margine sinistra J — [31] ათჩჳდმეტი J

სული. **17**. და ვპოვეთ ეკლესიასა შინა კოზმან[32] დამიანეთასა ორათას ორას ⌜და ათორმეტი[33] სული. **18**. და ვპოვეთ სამწიგნობრესა ნია წმიდისასა სამეოც და ათი სული. **19**. და ვპოვეთ მონასტერსა შინა წმიდისა ადგომისასა ორას და ათორმეტი სული. **20**. და ვპოვეთ სავაჭროს ოც და ათურამეტი სული. **21**. და ვპოვეთ ბაგინსა მას წინა სამარიტელთასა ცხრაას და ათცხრამეტი სული. **22**. და ვპოვეთ კევსა მას შინა წმიდისა კჳრიკესსა[34] ათას ოთხას ორმეოც და ცხრაჲ სული. **23**. და ვპოვეთ დასავალით კერძო წმიდისა სიონისა[35] ას ოთხმეოც[36] და ათექუსმეტი სული. **24**. და ვპოვეთ პროპატიკეს ორათას ას და შჳდი სული. **25**. და ვპოვეთ კევსა მას იაკობ წმიდისასა სამას და რვაჲ სული. **26**. და ვპოვეთ საკორცეს ცხრა ას ოც და ერთი სული. **27**. და ვპოვეთ წყაროსა მას თანა სილოამისასა ორათას რვაას და ათურამეტი სული. **28**. და ვპოვეთ ბირქასა მას შინა მამილისასა ოთხათას ხუთას და ათურამეტი სული. **29**. და ვპოვეთ ჯერაკუმიასა მას შინა პატრიაქისასა სამას[37] ათურამეტი სული **30**. და ვპოვეთ ადგილსა მას რომელსა ეწოდა ოქროქალაქი ათას ორას და ორი სული. **31**. და ვპოვეთ მონასტერსა მას შინა წმიდისა იოვანესსა[38] ოთხათას ორას და ათცხრამეტი სული. **32**. და ვპოვეთ ჯერაკუმიასა[39] მეფისასა შჳდას და ოთხმეოცი სული. **33**. და ვპოვეთ მთასა[40] ზეთისხილთასა ათას ორას და შჳდი სული. **34**. და ვპოვეთ ადგომისა პატრონიკეთა[41] ზედა სამასი სული. **35**. და ვპოვეთ საკრებულოსა მცირესა ორას და ორი სული. **36**. და ვპოვეთ საკრებულოსა დიდსა სამას და აჩჳდმეტი[42] სული. **37**. და ვპოვეთ ეკლესიასა შინა წმიდისა სერაპიონისსა სამას ოც და ათურამეტი სული. **38**. და ვპოვეთ წინაშე წმიდასა გოლგოთასა ოთხმეოცი სული. **39**. და ვპოვეთ ქუაბთა შინა ⌜და ლაკუათა, ორმოთა

[32] Marr add. და ; om. JO — [33] და თორმეტი (თ- corr. ex ტ) J — [34] კ(ჳრი-კ)ესსა JO — [35] სიონისასა T — [36] ოთხმოც Marr, ოთხმეოც JO — [37] J add. და — [38] ი(ოა)ნესსა J — [39] ჯერაკუმსა J — [40] JT add. ზედა — [41] საპატრონიკეთა J, საპატრონიკეთასა Marr — [42] ათჩჳდმეტი J

შინა [43] და მტილთა ექუსათას ცხრაას და აჩჳდმეტი [44] სული. **40**. და ვპოვეთ გოდოლსა თანა დავითისსა ორათას ორას და ათი სული. **41**. და ვპოვეთ საშოვალ [45] ქალაქსა ორას სამეოც და ხუთი სული. **42**. და ვპოვეთ ადგილსა მას სადა იგი ზღუდე დასცეს ქალაქისაჲ მტერთა მათ ცხრაათას რვაას და ცხრაჲ სული. **43**. და სხუანი მრავალნი დავჰფლენით იერუსალჱმს შინა რომელნი მოისრნეს სპარსთა გან თჳნიერ წმიდათა ამათ, რომელნი მათ თანავე აღირაცხნეს. **44**. იყო რიცხჳ იგი ყოველთაჲ მათ ერთბამად სამეოც და ექუსი ათასი და ხუთასი და ცხრაჲ სული». **45**. და რამეთუ ჭირი იგი და მწუხარებაჲ ერთბამად [46] ყოველთა ზედა მოიწია, არამედ სიკუდილი იგი მათი თითო-სახედ [47] და მრავალფერად იხილვებოდა, და ესე განგებითა ღმრთისაჲთა, რათა რომელნიმე ბოროტითა მით სიკუდილითა საუკუნეთა მათ სატანჯველთა გან განერნენ და თანანადები იგი ბრალთა მათთაჲ [48] აღიჴოცოს; **46**. და რომელნიმე დაიცვნა სიკუდილისა გან რათა ერისა მის წარტყუენულისა იყვნენ ნუგეშინისმცემელ, და რომელნიმე გულფიცხელნი და უწყა-ლონი ხილვითა მით საშინელისა მის სიკუდილისაჲთა მოაქცინეს [49] სინანულად, და რომელნიმე თმენითა მით ჭირი-საჲთა დაამკჳდრნეს სასუფეველსა ცათასა. **47**. ესე ყოველი იქმნა განგებითა ღმრთისაჲთა; ხოლო ცოდვაჲ იგი არა იყო სათანადოჲ, და არცა ბრალი იყო ყოველთაჲ სწორ, არამედ მსგავსად თითოეულისა [50] მათისა მართლმსაჯულმან მან კეთილად განაგო. **48**. და რამეთუ ჩჩჳლნიცა ტყუეობასა მიეცნეს, რათა არა ეზიარნენ ცოდვასა მას მამულსა და დაშთენ უბიწოდ, და რათა მშობელთა მათთა იხილნენ შვილნი მათნი ტყუეობასა და [51] მოაქციონ უფლისა სინანულითა. **49**. და ყოვლით სახით მოწევნული ესე სიკუდილი სარგებელ იყო სულისა. რამეთუ რომელნიმე ქრისტეს თჳს თავთა თჳსთა

[43] და ორმოთა და ლაკუათა შინა J — [44] ათჩჳდმეტი J — [45] საშუალ J — [46] ერთბამად post ზედა JT — [47] თჳთო- — [48] -ჲ sup. lin. O — [49] მოაქცივნეს J — [50] თჳთო- J — [51] JT add. არა (cancellatum in J)

სიკუდილსა [52] მისცემდეს, რათა მიიღონ გჳრგჳნი დიდებისაჲ; და რომელნიმე ცოდვასა მიდრეკილნი მოისრნეს და იქმნნეს [53] იგინი განწმედილ ბრალთა მათთა გან; და რომელნიმე დაცე-მულნი სიკუდილისა მის ხილვითა აღემართნეს. **50**. ხოლო პირი დაიყავნ სამარიტელთაჲ, რომელნი უვარჰყოფენ ადგომასა. ანუ ვითარ განმართლდეს მართლმსაჯულებაჲ იგი უფლისაჲ, უკუეთუ ნანდჳლ [54] აღდგომაჲ არა ყოფად არს? **51**. რამეთუ მრავალნი უბიწონი და მმარხველნი მწარითა სიკუდილითა მოსწყდეს, და რომელნიმე ცოდვილნი და უნანელნი და უღმრთონი სიკუდილისა გან განერნეს. **52**. და უკუეთუ ამის ყოვლისა საშჯელი არა ყოფად არს, და საქმეთა ებრ მიგებაჲ, ვითარმე მართლმსაჯული იგი ჭეშმარიტად და მართლად იქადაგოს? **53**. ხოლო მე ვიტყჳ მოციქულისა ებრ, რამეთუ აღდგომაჲ ჭეშმარიტად ყოფად არს [55], და კაცადკაცადსა საქმეთა ებრ მიგებად არს [56]. **54**. არამედ გევედრები ყოველთა რათა სათნოებაჲ კეთილი მოიპოვოთ [57], რომლითა წმიდათა თანა შეირაცხნეთ დღესა მას დიდებისასა და სანატრელსა მას მიემთხჳნეთ ცხორებასა მადლითა უფლისა ღმრთისა და მაცხო-ვრისა ჩუენისა იესუ ქრისტესითა, რომლისა თანა მამასა შუენის პატივი და დიდებაჲ და თაყუანისცემაჲ სულით წმიდით ურთ, აწ და მარადის და უკუნითი უკუნისამდე. ამენ.

XXIV. უწყებაჲ ცხოველსმყოფელისა პატიოსნისა ჯუარისაჲ, ვითარ უკუმოიღეს იგი ბაბილოვნით იერუსალჱმად.

1. წელსა მეათხუთმეტესა იერუსალჱმისა წარტყუენვით გან, ხოლო წელთა ჰერაკლეს მეფობისათა ათცხრამეტსა [1], ინდიკ-ტიონსა ათსა, ხუასრო მეფჱ იგი სპარსთაჲ [2] მოიკლა თუესა მარტსა ძისა მიერ თჳსისა, რომელსა ერქუა სირონ. **2**. ხოლო მეფჱ ჰერაკლე ერით ურთ მისით მათ ჟამთა ოდენ მიწევნულ იყო სპარსეთად, და მრავალნი ქალაქნი მათნი დაეპყრნეს და

[52] სიკუდილად J — [53] იქმნეს JT — [54] JT add. -ცე — [55] *Act.*, XXIV, 15 — [56] *Rom.*, II, 6 — [57] -ოოთ JT

XXIV. [1] ათცამეტსა J — [2] სპარსთაჲ post მოიკლა J

პალატნი სამეუფონი და ათასეული ერისა მათისაჲ მოესრა; და რომელნი წარტყუენულ იყვნეს ბერძენთა განნი უკუმოეყვანნეს[3] და მონებისა გან განეთავისუფლნეს ძალითა ქრისტესითა. **3**. ხოლო მეფჱ სირონ, რომელსა დაეპყრა მეფობაჲ მამისა თჳსისაჲ, მოკუდა თუესა სეკდენბერსა, და იპყრა მეფობაჲ მისი ძემან მისმან არდასირ; და იყო იგი ყრმა და დაყო მეფობასა შინა სამი თუე; და იქმნა შორის ბერძენთა და სპარსთა მშჳდობაჲ კელისწერით შუვამდგომელობითა[4] რასმიოზანისითა, რომელი იყო ერისმთავარი სპარსთაჲ. **4**. ხოლო უწინარეს ამისა[5] საჭურისი წარმოევლინა მეფესა ჰერაკლეს, რომელსა სახელი ერქუა ნერსე, სენაკაპანთმთავარი[6] თჳსი; ესე გამოვიდა ერითა მრავლითა წყობად სპარსთა. **5**. და იძლია სიმრავლე განწყობილისა მათისაჲ, და ზარგანკდილნი ⸢ოტებულ იქმნნეს[7] წინაშე პირსა მის საჭურისისასა[8], ვიდრემდის იტყოდესცა მწუხარებითა დიდითა სპარსნი იგი: «რაჲ ესე მოიწია ჩუენ ზედა? რამეთუ ვიქმნენით ჩუენ ძლეულ საჭურისისა გან, რომელი იგი შერაცხილ არს დედათა თანა, და არა მამათა რიცხუსა; და ესე უფროჲს დასწერტს გონებათა ჩუენთა, დედაკაცისა გან ოტებაჲ». **6**. ხოლო შემდგომად იერუსალჱმისა წარტყუენით[9] გან მეათჩჳდმეტესა წელსა, ხუასროჲს დაკლვით გან მესამესა წელსა, ხოლო ჰერაკლეს მეფობითგან ოცდამეერთესა წელსა, ინდიკტიონსა სამსა, რასმიოზან ერისმთავარმან სპარსთამან მოკლა არდასირ მეფჱ სპარსთაჲ, რომელი წინა ვაკსენეთ. **7**. და მან დაიპყრა მეფობაჲ და იქმნა იგი მეგობარ ბერძენთა, და ცხოველსმყოფელი იგი ძელი ქრისტეს ჯუარი მან მიჰმადლა ჰერაკლე მეფესა, ვითარცა ყოვლისა სოფლისა საფასჱ და ვითარცა ნიჭი განმამდიდრებელი, და მისცა იგი მას. **8**. ხოლო ჰერაკლე მეფემან მოიღო იგი იერუსალჱმად მოსლვასა მისსა მუნ მარტინეს თანა, რომელი იგი[10] იყო

[3] უკმო- T — [4] შუა- J — [5] ამისსა J — [6] სენაკაპანთა მთავარი Marr, სენაკაპანთმთავარი JO — [7] ივლტოდეს J — [8] საჭურისასა J Marr — [9] -ნვით J — [10] om. J

ასული მამისძმისა მისისაჲ, და შეირთო მან იგი[11] ცოლად თჳნიერ შჯულისა; და ამის გამო შეშინებულ იყო იგი ფრიად ნუ უკუე ემხილოს მას უჯეროჲ იგი საქმჱ მღდელთმთავართა გან. **9**. და ვითარცა შემოვიდა იგი იერუსალჱმად, კუალად აგო დიდებული იგი და პატიოსანი ძელი ჯუარისაჲ ადგილსავე თჳსსა თუესა მარტსა ოც და ერთსა, დაბეჭდული ეგრეთვე გუადრუცსა შინა, ვითარ იგი წარეღო; და ყოვლადვე ეგო იგი განუღებელად; რამეთუ რომელმან დაიცვა კიდობანი იგი შჯულისაჲ უცხოთესლთა მათ შორის განუღებელად, მანვე დაიცვა ცხოველსმყოფელი ძელი ჯუარისაჲ რომლითა იძლია სიკუდილი და დაითრგუნა ჯოჯოხეთი. **10**. მაშინ ჰერაკლე მეფემან, ვითარცა იხილა დიდებული იგი საქმჱ და აღშენებაჲ წმიდათა მათ ადგილთაჲ რომელნი ნეტარისა მოდისტოსის მიერ აღშენებულ იყვნეს, განიხარა ფრიად და ბრძანა რათა აკურთხონ იგი პატრიაქად იერუსალჱმსა ზედა; რამეთუ ნეტარი ზაქარა აღესრულა სპარსეთს, და დგა ეკლესიაჲ ქურივად. **11**. ხოლო ინდიკტიონსა ოთხსა, და ოც და მეერთესა წელსა ჰერაკლეს მეფობისასა დაიპყრა პატრიაქობაჲ იერუსალჱმისაჲ ნეტარმან მოდისტოს. **12**. და შემდგომად მცირედთა ჟამთა წარემართა ნეტარი მოდისტოს მეფისა რომლისამე საკმრისა თჳს განსაგებელად ეკლესიათა, რათა ევედროს[12] ჰერაკლეს მეფესა მომადლებად მისა. **13**. და ვითარ მიიწია იგი ქალაქსა მას რომელსა ჰრქჳან სოზოსი, რომელ[13] იგი არს საზღვარსა შინა პალესტინისასა, მოკუდა იგი თუესა დეკენბერსა ათჩჳდმეტსა; და რომელთამე თქუეს ვითარმედ წამლითა მოიკლა თანამყოფთა უკეთურთა კაცთა გან. **14**. და მიერ ქალაქით მოიღეს პატიოსანი იგი გუამი მისი და დადვეს იგი წმიდათა პატრიაქთა თანა სამოწფოს[14] გალობითა მრავლითა და საკუმეველითა და კერეონებითა რომელ აქუნდა ერსა მას მორწმუნესა რომელთა მიაქუნდა გუამი მისი საფლავად. **15**. და მათ

[11] იგი ante მან J — [12] ევდროს J — [13] რომელი Marr, რომელ JO — [14] სამოწფოსა JT

ყოველთა თანა მივსცეთ დიდებაჲ ღმერთსა [15] სამებით დიდებულსა და ერთარსებით ქებულსა, რომელსა ჰშუენის პატივი და თაყუანისცემაჲ [16], აწ და მარადის და ⸢უკუნითი უკუნისამდე [17]. ამენ [18].

[15] **sup. lin. O** — [16] **J add.** მამას ძისა თანა სულით წმიდით თურთ — [17] საუკუნეთა მიუკუნისამდე J — [18] ამინ J

INDEX

TABLE DES MATIÈRES

ORIENTALISTE, P.B. 41, B-3000 Leuven